Weisbrod · Der Quereinsteiger zum Ende der Welt

Jörg Weisbrod

Der *Quer*einsteiger
zum Ende der Welt

Erlebnisse auf dem Jakobsweg

Reiff Schwarzwaldverlag Offenburg

Bibliografische Informationen der Deutschen Bibliothek

ISBN 978-3-941477-04-9

Die Deutsche Bibliothek verzeichnet diese Publikation in der Deutschen Nationalbibliografie; detaillierte bibliografische Daten sind im Internet unter http://dnb.ddb.de abrufbar.

Copyright © 2009
A. Reiff GmbH & Cie. KG, Offenburg
Schwarzwaldverlag

Konzeption und Gesamtleitung:
Roland Hänel

Satz und Reproduktion:
Janina Hänel

Lektorat:
Reinhold Klein

Druck:
Druckerei Peter, Rastatt

Fotos:
Jörg Weisbrod

Inhaltsverzeichnis

Einige Worte zuvor 6

1. O Cebreiro, Sarria
Leidensweg ins Paradies 7

2. Sarria
Idee und Ausführung 18

3. Astorga, Molinaseca, Ponferrada, Cacabelos, Vega de Valcarce, Ruitelán
Erste Schritte 26
Die Pillendose.................................... 34

4. Cacabelos, Villafranca del Bierzo, Sarria, Ferreiros, Portomarín, Hospital da Cruz
Kameraden....................................... 39

5. Hospital da Cruz, Palas de Rei, Melide, Arzúa
Bergauf, bergab................................... 50

6. Arzúa, Arca O Pino, Santiago de Compostela
Zieleinlauf 61

7. Santiago de Compostela
Sternenfeld....................................... 72

8. Santiago de Compostela, Ría de Muros e Noya, Costa da Morte, Ría de Corcubion, Cabo Fisterra
Ziel 82

9. Kap Finisterre, Finis terrae, Ende der Welt, Santiago de Compostela
Stadt der Träume 94

10. Santiago, Alemania
Schlussrambo 105

Einige Worte zuvor ...

Als ich mich im April 2008 kurzfristig entschlossen habe, auf dem Camino Francés nach Santiago de Compostela zu pilgern, wäre es mir anfänglich nie in den Sinn gekommen, außer meinem Freund Rolf noch irgendjemanden um Rat zu fragen. Von meinen ganzen Freunden und Bekannten habe ich mich auf Französisch, also ohne einen Ton über mein Vorhaben, verabschiedet. Nur Irmi, meine Partnerin, wusste von Anfang an davon, geglaubt hat sie es jedoch erst, als wir meine Busfahrkarte im Reisebüro abgeholt haben. Auch unsere engsten Freunde wurden von mir erst eine Woche vor meiner Abreise von dieser Tour in Kenntnis gesetzt.

Aufgefallen ist mir, dass viele Spanier kaum Fremdsprachen sprechen, die paar Sätze Spanisch, die ich für meine Verständigung mit der einheimischen Bevölkerung benötigte, habe ich auch meistens im Wörterbuch nachgeschlagen. Wenn ich mich dann bei einem Gespräch mit ortsansässigen Personen mit *„Jorge Panblanco"* vorgestellt habe, so heißt Jörg Weisbrod übersetzt auf Spanisch, hatte ich sowieso schon die Lacher und Zuhörer auf meiner Seite.

Etwas für mich ganz Besonderes habe ich auf dem Weg nach Santiago auch noch entdeckt! Unterwegs, bei der Benutzung meines galicischen Reiseführers, sind mir während meiner Pilgertour einige Worte über „Sueben in Galicien" aufgefallen, über die ich dann zu Hause einiges am Computer recherchierte.

So habe ich bei Wikipedia etwas ganz Originelles darüber gefunden, und zwar einige Seiten in schönstem Schwytzerdütsch (Schweizerdeutsch) berichteten dort über ein suebisches (schwäbisches) Königreich in Spanien, die ich hier auszugsweise im Original wiedergebe. *Im Joor 409 sind Wandale, Alane und Suebe i die Iberischi Halbinsle iidrunge und hend s Land verheert. Anne 411 hend die Stämm d Halbinsle under sich uuftailt, wobi d Suebe de nordöstlich Egge vo Gallizie öberchoo hend. 411 war „Gründig vom Suebische Königriich in Gallizie", de erst König isch de Ermiricus gsii.* Übersetzt ins Deutsche bedeutet das: Zur Zeit der Völkerwanderung im Jahr 409 haben Vandalen, Alanen und die germanischen Sueben oder Schwaben, dieser Name geht etymologisch auf die Sueben zurück, die Iberische Halbinsel erobert, das Land verwüstet und zerstört. Später, im Jahr 411, haben die drei Völker die Halbinsel unter sich aufgeteilt, wobei die Sueben den nordöstlichen Teil von Spanien bis nach Portugal bekamen. Das Jahr 411 war gleichzeitig das Gründungsdatum des Suebischen Königreiches, dessen erster Herrscher Ermiricus hieß. Der letzte suebische König Malaricus regierte nur ein Jahr lang, bevor ihn im Jahr 586 der westgotische Heerführer Leuvigild ablöste, das war dann auch das Ende der schwäbischen Herrschaft in Galicien. So bin ich also, ohne es zu wissen, in Spanien auf den Spuren schwäbischer Eroberer gepilgert!

Der Quereinsteiger zum Ende der Welt - 1
O Cebreiro, Sarria –
Leidensweg ins Paradies

Welch ein idiotischer Gedanke hat mich bloß hierhergebracht? Ich liege in meinem Schlafsack auf der leicht müffelnden Matratze und kann wieder mal nicht schlafen. Neben mir, keinen halben Meter entfernt, liegt der „Duce", ein Spanier, auf dem Rücken und schnarcht. „Chrr-chi-vuvuvu-vupff". Der Duce hat von der Seite ein Gesicht wie die Totenmaske des italienischen Diktators Mussolini. „Chrr-chi-vuvuvu-vupff", immer zweimal hintereinander, danach kann ich langsam auf 20 zählen, bis es wieder von vorne beginnt, dieses „Chrr-chi-vuvuvu-vupff".

Auf der anderen Seite des Ganges liegt ein kanadisches Ehepaar, sie klein und dicklich mit grauem Stoppelhaarschnitt, er einiges größer mit gewelltem braunen Haar und Brille. Die beiden kamen völlig erschöpft, nach dem langen Aufstieg, gegen 4 Uhr mittags hier an und haben sich gleich in voller Montur auf die Matratzen geknallt. Nun schnarchen sie mit meinem Bettnachbarn, dem Duce, in voller Lautstärke um die Wette. Welch ein idiotischer Gedanke hat mich bloß hierhergebracht?

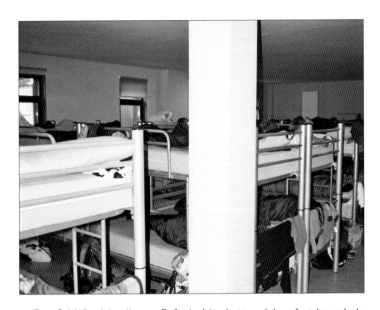

Der Schlafsaal in diesem Refugio hier hatte mich sofort irgendwie bedrückt, der große Raum war selbst am Tag nicht sehr hell geworden. Für mich hatte er eine düstere Atmosphäre und erinnerte mich an ein Museum, das ich mir vor ein paar Jahren zusammen mit Irmi, meiner Lebensabschnittspartnerin, in Berlin angesehen hatte. Ich glaube, es hieß: „Story of Berlin". Auch dort betraten wir einen riesigen Schlafsaal, der war jedoch für Überlebende nach einem Atomangriff gedacht! Doch damit nicht genug, aus dem Kellergeschoss der Herberge dröhnte schon den ganzen Mittag bis in die frühen Abendstunden der Lärm von Presslufthämmern. „Das Gebäude ist im Obergeschoss frisch renoviert, nur in der unteren Etage sind die Handwerker nicht fertig geworden", erklärt mir die hübsche blonde Frau an der Rezeption.

Vor sechs Wochen hatte ich noch mit keinem Gedanken an so ein Abenteuer gedacht. Und nun, nun liege ich hier, im unteren Teil eines Doppelstockbettes in O Cebreiro. O Cebreiro, ein winziges Dörfchen, mit den seltsamen, zum Teil nachgebauten Häusern auf fast 1300 m Höhe. Ich bin auf dem letzten Drittel eines Pilgerweges, des „Jakobspilgerweges", nach Santiago de Compostela, dem „Camino Francés" im nordspanischen Galicien, und kann nicht schlafen, „Chrr-chi-vuvuvu-vupff" und es ist erst zwei Uhr nachts!

Wieder und wieder drehe und drücke ich an meinen Ohrstöpseln. Aber seitdem ich vor zwei Jahren eine Operation im rechten Innenohr hatte, bin ich ein wenig empfindlich. Und fester reindrehen tut weh.

„Chrr-chi-vuvuvu-vupff". Voller Verzweiflung mache ich mich auf in Richtung Toilette und stolpere prompt im Dunkeln über den Rucksack irgendeines Pilgers. Auch ich bin ein Pilger, ein Peregrino, wie es auf Spanisch heißt. Und so kam ich auch nach O Cebreiro, in diese modernisierte Pilgerherberge mit den 50 Doppelstockbetten in einem großen Saal. Mist! Ich hätte es wissen müssen, auf der Toilette ist, wie in fast allen Herbergen, nachts mal wieder kein Papier mehr. Und so muss ich noch mal zurück. Trotz der vielen anderen Schnarcher höre ich schon von weitem das vertraute „Chrr-chi-vuvuvu-vupff", in der vierten Reihe links. Dort finde ich dann auch im blauen Licht meiner kleinen Leuchte den Rucksack mit dem rettenden Papier.

Am Abend hatte ich noch in einer der Dorftabernas gut gespeist, eine Art dicke Suppe, „Lacón con grelos y cachelosy", gekochter Schweineschinken mit Steckrübenblättern und gekochten Kartoffeln. Die Suppe brodelte in einem riesigen Topf in der Herdecke. Darüber war ein altertümlicher Abzugskamin, aus dem manchmal Schwitzwasser runtertropfte. Aus dem Topf wurden laufend große Essensportionen für die vielen Gäste der Taberna in Holzschalen abgefüllt. Nach der Suppe aß ich noch eine Portion „Pimientos", angebratene oder gegrillte längliche Paprikaschoten. Auf dem Teller lag auch ein Stück sehr milder, weicher weißer Käse, später habe ich gelesen, dass dieser „Queixo do Cebreiro" hier hergestellt wird. Zum Essen hatte ich mir ein Glas Weißwein, einen Ribeiro bestellt, doch die nette Bedienung hatte gleich die ganze Flasche auf den Tisch gestellt. Mittags war ich mit Heinz, einem Bad Kreuznacher Pilger, schon einmal hier gewesen. Wir kannten uns aus der Albergue „Santa Marina" in Molinaseca. Einer Pilgerherberge, in

der wir beide schon übernachtet hatten. Rein zufällig waren wir hier in der schlichten romanischen Kirche „Santa María la Real do Cebreiro" zusammengetroffen. Diese Kirche, die älteste und besterhaltene am Camino, beherbergt in ihrem Inneren eine besondere Reliquie, „den heiligen Kelch". Einen Kelch aus dem 14. Jahrhundert, den wir gerade zufällig zusammen bestaunten. Auf diese Reliquie sind die Galicier besonders stolz, denn sie ist, aufgrund eines Wunders, eine Art Nationalheiligtum. Ein zufällig dort anwesender älterer Mann mit verwitterten Zügen hat uns dann in einem Kauderwelsch aus Spanisch, Deutsch und Französisch die Legende von diesem Wunder erzählt.

Bei einer Mitternachtsmesse im Winter, so sagte er, hat sich im Kelch Wein in Blut und die Hostie auf dem Teller in Fleisch verwandelt. Und das nur, weil der Priester in dieser Nacht wegen eines einfachen Bauern keine Messe lesen wollte. Ich denke, diese Erzählung vom heiligen Kelch könnte möglicherweise Richard Wagner zu seinem Parsifal inspiriert haben. Heinz, mein Wanderkollege, ist für mich wie eine Mischung aus einem Pilger und Robin Hood, mit einer Storchenfeder an seinem großen, breitkrempigen Hut, dem braunen Vollbart, dem großen Kreuz um den Hals und der langen Pilgerstange mit den Lederbändern daran. Ich habe gesehen, wie er sich in Molinaseca rührend um eine ältere Pilgerin gekümmert hat, die wegen ihrer Beinbeschwerden nicht mehr weiterlaufen konnte. Wie ganz selbstverständlich hat er ihr eine spezielle Salbe und einen selbsthaftenden Druckverband aus der dortigen Apotheke besorgt und sie damit verbunden. Heinz sprach begeistert über seine vielen Pilgerreisen in Westdeutschland, er erzählte mir auch von der „Echternacher Springprozession" in Luxemburg, bei der er schon mitgemacht hat, immer vorwärts im Takt eines Prozessionsmarsches, „einen Schritt nach links, einen Schritt nach rechts".

Nach der Kirche und dem danebenstehenden alten Pilgerhospital aus dem 9. Jh. haben wir uns auch noch einen verlassenen „Palloza" angesehen. Palloza, so nennt man hier diese für das Dorf typischen steinernen und strohgedeckten Häuser mit dem elliptischen Grundriss, die keltischen Ursprungs sein sollen. Unser Palloza war noch bis vor kurzem bewohnt und wurde nun zu einer Art Museum umfunktioniert. Dementsprechend war auch die Sauerei rundherum, zwischen alten landwirtschaftlichen Geräten, total versifften Matratzen und Möbelresten pickten und kackten Hühner, es sah aus, als wäre mittendrin eine Bombe explodiert. Mittags in der Taberna hatte Heinz auf einmal zu mir gesagt: „So wie du hinkst,

kommst du nicht mehr viel weiter, warst du schon mal beim Arzt?" Über meine Einwendung: „Das wird schon wieder vergehen", grinste er nur und sagte: „Pass besser auf dich auf, so hat es schon bei vielen angefangen und kurz darauf waren sie nicht mehr da, der Camino frisst Pilger." Am Abend in der Taberna hatte auch die Bedienung meinem Humpeln zugesehen und dann irgend etwas auf Spanisch gesagt. Worte, die ich nicht verstand. Ich sagte nur: „Mañana bien todo claro". Sie schüttelte jedoch nur den Kopf.

Sollte schon hier meine Pilgerreise zu Ende gehen? Gestern Morgen, als ich mich wegen der Schmerzen in meiner rechten Ferse mit dem Taxi von Ruitelán hier hoch nach O Cebreiro fahren lassen musste, waren mir schon Zweifel gekommen, aber so einfach aufgeben, das war nicht meine Art. 1944, im Krieg waren wir, meine Mutter, meine zwei jüngeren Brüder und ich, in Berlin ausgebombt worden und kamen als evakuierte Subjekte, denn wie solche wurden wir am Anfang behandelt, nach Schwenningen am Neckar, ins Württembergische. Ich hatte dort oft wegen meiner Berliner Schnauze Schläge bekommen, so lange, bis ich ein einigermaßen passables Schwenningerisch sprach. Ich höre noch heute die Rufe der Kinder auf der Straße „Berliner-Zigiiner, Berliner-Zigiiner". Manchmal habe ich auch voller Wut zurückgeschlagen, den Stolz über meine Berliner Herkunft besitze ich auch heute noch.

Im Schein meiner Lampe sehe ich auf meine Uhr, es ist erst 3 Uhr 45, und mir rasen viele Gedanken durch den Kopf. Ganz überraschend, wie ein Blitz überkommt mich plötzlich eine Vision, und sie lässt mich für die ganze Zeit meiner Pilgerreise nicht mehr los. Ich muss meine Geschichte aufschreiben! Aber wozu, warum gerade ich, der ich doch sonst so schreibfaul bin, was steckt da dahinter, frage ich mich auch später immer wieder? Der Duce ist gerade ruhig, dafür höre ich das Schnarchen der beiden Kanadier überlaut. Meine Ferse tut mir weh, ich fühle mich beschissen und reagiere überempfindlich. Wie soll es weitergehen, was kann ich tun und woher bekomme ich Hilfe?

Irgendwann falle ich in einen kurzen Schlaf, doch das „Chrr-chi-vuvuvu-vupff" weckt mich wieder. Inzwischen ist es 5 Uhr und die ersten Pilger fangen an, im Scheine der Taschenlampen ihren Kram zusammenzupacken und in die Rucksäcke zu stopfen, in den Duschcontainern, die im Freien vor dem Haus aufgestellt sind, rauscht das Wasser, überall flüstert es im Raum. Für den Fall, dass ich nicht mehr weiterlaufen kann, hat mir der freundliche Taxifahrer die einzige Busabfahrzeit des Tages aufgeschrieben, morgens um 7 Uhr 15 am Mesón Carolo. Der Duce hat aufgehört zu schnarchen, dafür pocht es in meiner Ferse wie verrückt. Auch ich packe meinen Rucksack, den ich von einem Freund zu Hause geliehen habe, und mache mich hinkend und mit einem gemurmelten „Buen Camino" zu den übrigen Pilgern auf den Weg. Von Heinz kann ich mich leider nicht mehr verabschieden, der ist zwischen den Duschen und der Toilette verschwunden.

Ich sehe, dass auf dem Weg zur Dorfmitte in der Taberna schon Licht brennt, Stimmengewirr kommt aus der offenen Tür. Im Schankraum sitzen schon etliche Wanderer und nehmen das obligatorische Pilgerfrühstück ein: „Un Café grande con Leche i un Croissant." Ich bestelle das Gleiche, inzwischen habe ich mich schon an diese Art Frühstück gewöhnt, obwohl ich zu Hause lieber ein deftiges Morgenessen mit Wurst und Käse bevorzuge. Es ist 6 Uhr 45 und ich frage die Bedienung nach der Bushaltestelle. Sie geht mit mir vor die Tür und zeigt mir die Richtung, es sind nur wenige Meter. „Gracias, adiós". Ein Halteschild ist nirgends zu sehen. Im Nieselregen stehen schon frierend zwei junge Portugiesinnen und fragen mich auf Englisch, ob hier der Bus stoppt.

Zwanzig Minuten später sitzen wir in einem gelben Kleinbus und fahren durch den leichten Regen über Triacastela, wo die beiden Portugiesinnen aussteigen. Vorbei am „Monasterio de Samos", dem Benediktinerkloster Samos aus dem 12. Jh., das ich nun leider nicht mehr besuchen kann. Weiter nach Sarria, einer Kleinstadt mit ca. 7500 Einwohnern und hoffentlich mit einem Arzt, denn in keinem der anderen Orte vor Sarria gab es eine Arztpraxis.

Obwohl es bis Triacastela genieselt hat, in Sarria empfängt uns strahlender Sonnenschein. Neben dem Busbahnhof, gleich um die Ecke, befindet sich eine sehr moderne Apotheke. Ich nichts wie rein, vielleicht kann auch die freundliche Frau hinter der Ladentheke mir helfen? Zuerst versuche ich ihr auf Deutsch, dann auf Englisch mein Anliegen wegen meiner schmerzenden Ferse, auf die ich inzwischen nicht mehr auftreten kann, klarzumachen, doch jedes Mal kommt nur ein Kopfschütteln. Zuletzt probiere ich es mit meinen paar Brocken Spanisch. Nada, nichts! Sie zeigt mir nur verschiedene Pflaster, Salben und Binden. Den Weg in das Hospital erklärt sie mir dann mit den Händen und vielem Reden. „Después dos ruás a la izquierda, y después a la derecha y después la rúa todo derecho, todo recto." Nach zwei Straßen links, dann rechts, und dann immer geradeaus, immer geradeaus. Nach dem Weg zur Arztpraxis wird sie wahrscheinlich öfter gefragt! Nun, bevor ich dahin gehe, muss ich mich zuerst mal um eine Herberge kümmern. Ein dicker älterer Mann erklärt mir freundlich den Weg, ich hinke weiter, rechts belaste ich nur noch die Fußspitze, immer weiter über die steilen Treppen Richtung Oberstadt. Dann, nach einer scharfen Kurve hinter einer Kirche und einer Turmruine, kommt auf der rechten Seite ein langgestreckter Barockbau. Ein Kloster? Ich klingle an einer Pforte, um einen Stempel für mein Credencial zu erhalten.

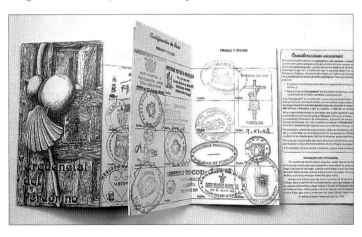

Das Credencial del Peregrino ist das wichtigste Dokument auf dem Camino und kommt gleich nach dem eigenen Personalausweis. Nur wer genügend Stempel in diesem eng gefalteten Dokument in Postkartengröße hat, bekommt am Ende in Santiago de Compostela die ersehnte Urkunde, die „Compostela", für die erfolgreiche Teilnahme an der Pilgerreise. Unter den Pilgern kursieren Geschichten über Teilnehmer, denen diese Urkunde aus den verschiedensten Motiven verweigert wurde. So z.B. von einer Frau, die auf der Treppe vor der Kathedrale gestürzt war, ins Krankenhaus musste und dadurch ihre Urkunde nicht bekommen konnte. Und das, obwohl ein Krankenpfleger die Compostela im Registrierungsbüro für sie beantragte. Oder die von dem jungen Mädchen, das weinend vor dem Registrierungsbüro saß. Sie hatte keine Urkunde erhalten, weil in ihrem neuen Credencial, das alte hatte sie verloren, zu wenig Stempel waren.

Nach meinem Klingeln öffnet mir ein kleiner Mann im dunklen Anzug, vielleicht ein Priester? Ich reiche ihm mein Credencial, er verschwindet kurz und kommt gleich darauf mit der gestempelten Urkunde zurück.

Dann fragt er mich „Alemán"? „Sí!" Er holt aus einer Mappe viele Fotografien, tolle Bilder von riesengroßen Mosaiken und Pilgerreisenden aus Paris, und versucht sie mir zu erklären. Später habe ich ihn gefragt, „wo sind wir hier?" Er deutet auf ein Bild des Gebäudes, das ich vorher betreten habe. „Monasterio de Santa Maria Madalena!" steht auf der Überschrift. Aha, im „Kloster Maria Magdalena" bin ich also.

Nach unserem Gespräch frage ich ihn nach einer Herberge in der Nähe und er empfiehlt mir die Albergue „Don Alvaro", nicht weit von hier. Dahin humple ich dann auch. Der kleine Zeiger meiner Uhr steht auf der 10, und an der Tür der Herberge empfängt mich eine lächelnde junge Frau. Wir sind uns auf Anhieb sympathisch, und ich fühle mich gleich besser. Direkt links, neben der Eingangstür, zeigt sie mir einen großen Schlafraum mit 4 Doppelstockbetten und vielen Ablagemöglichkeiten. An einem der Betten lehnt ein Rucksack, auf der Matratze liegt ein Schlafsack, also bin ich hier nicht der erste Gast. Die Wirtin kassiert, nachdem ich meinen Rucksack auf einem der Betten abgelegt habe, die 6 Euro Übernachtungsgeld. Dann trägt sie mich anhand meines Credencials in die Anwesenheitsliste ein, eine Liste, die jeden Abend von der Tourismusbehörde abgeholt wird. Als Nächstes zeigt sie mir das Bad. Herrlich, eine große Duschbadewanne, mit einer Toilette, einem Bett und einem Waschbecken mit Kalt- und Warmwasser. Was will ein Mensch noch mehr?

Ich erinnerte mich mit Schaudern daran, dass es in den Waschräumen der staatlichen Pilgerherbergen selten Waschbecken mit warmem Wasser gab. Und kaltes Wasser ist beschissen, wenn man sich nass rasieren muss. Und auch die Duschen waren oft nur noch lauwarm, manchmal sogar kalt, wenn man zu spät kam.

Das Bad zieht mich magisch an, ich lasse die Wanne halbvoll laufen und stürze mich in die Fluten, ah, tut das gut. Nach dem Waschen begutachte ich meine Füße – mittelprächtige Blasen, das geht ja noch! Meinen rechten Fuß habe ich aus Angst vor Berührungsschmerzen nur ganz leicht mit Seife abgewaschen, doch als ich dann meine Ferse ansehe, überkommt mich ein leichtes Grausen, die hat sich nämlich inzwischen richtig verformt. Als ich aus dem Bad komme, sitzt im Vorraum ein grauhaariger Mann mit feinen Gesichtszügen, ich kann nicht anders und zeige ihm meine geschwollene Ferse. Er sieht hin und sagt dann auf Deutsch. „Das sieht aber nicht gut aus, da kann nur noch ein Arzt helfen, hier gibt es sogar eine Klinik!" „Ich weiß!" Inzwischen kommen noch mehr Personen

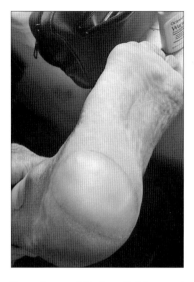

dazu, auch der General mit seinen beiden Adjutanten, ein hochgewachsener freundlicher Holländer mit Glatze, der wegen seines martialischen Aussehens wie ein General wirkt, die Adjutanten bestehen aus seiner Frau und ihrer Schwester, ebenfalls Holländer und beide sehr klein, alle drei kannte ich schon aus Molinaseca. „Ujujujuju", sagte eine der Frauen, und dann in ihrem drolligen Dialekt: „Da musste aber snell zu de Doktoren!" Der grauhaarige Deutsche, er heißt Lothar, bestellt durch die Herbergswirtin ein Taxi, mit der Bemerkung: „Mit dem Fuß kannst du nicht mehr laufen, ich werde dich begleiten." Obwohl ich Schiss habe, das möchte ich dann doch nicht. Der Taxifahrer, der eine viertel Stunde später ankommt, kennt den Weg und ich verabschiede mich, auf die Zähne beißend, von meinen neuen Freunden. Die Fahrt dauert sieben Minuten und kostete 20,– Euro.

Es ist kurz vor 12 Uhr und vor der Klinik empfängt mich so eine Art Einweiser und führt mich zu einer Ärztin oder Schwester, ich weiß es nicht, es ist mir auch egal. Ich möchte nur so schnell wie möglich von den Schmerzen erlöst werden. Ich lege mich auf eine Pritsche und ziehe mir die Sandalen aus, sprechen brauche ich nicht, sie sieht gleich die Bescherung. Sie betastet meine Ferse und ich zucke zurück. Gleich darauf kommt ein dunkelhaariger mittelgroßer Mann im weißen Mantel herein. Er entfernt sehr behutsam alle Binden und Pflasterreste, dann greift er zu einer Spritze, mir rutscht das Herz in die Hose. Die Krankenschwester hält meinen Fuß, und gleich darauf durchzuckt mich ein widerlicher Schmerz, kurz darauf noch einmal. Der Arzt zeigt mir eine große Spritze halbgefüllt mit Blut und einer gelben Substanz, mir wird fast übel, aber ich fühle mich erleichtert. Die Schwester verbindet meine Ferse und behandelt auch meine übrigen Blasen. Mit meinem wenigen Spanisch erfahre ich, eine Fremdsprache kann hier keiner, dass ich den Fuß zwei bis drei Tage wenig belasten soll. Als ich bezahlen will, wird mein Geld entrüstet zurückgewiesen, von einem Pilger nimmt man kein Geld. Zurück fährt mich ein anderes Taxi für gerade mal 10,– Euro.

Im „Don Alvaro" kommt die nette Wirtin aus der Tür, als sie das Taxi in der Fußgängerzone gehört hat. Mit weniger Schmerzen als vor der Behandlung humple ich zum Eingang. Na, wie war's denn, werde ich schon von Lothar empfangen. Er sieht meinen neuen Verband und sagt: „Toll, das sieht aber ordentlich aus!" Mit Hallo werde ich auch von anderen deutschsprachigen Pilgern begrüßt, die von meinem Missgeschick gehört haben. Heike und Karlheinz, zwei Pilger, die schon einige Tage zusammen laufen, zeigen mir auf einer schönen Sonnenterrasse eine freie Liege, und Lothar bietet sich an, mich mit Getränken zu versorgen. Dann bemerke ich erst den schönen Garten mit den vielen liebevoll zusammengestellten Blumenrabatten und den funkelnden Wasserfontainen eines Springbrunnens, es ist alles hier wie im Märchen. Ich spüre die warme Sonne, rieche den Duft der vielen Blumen, und ich komme mir vor wie im Paradies. Danke, lieber Gott!

Der Quereinsteiger zum Ende der Welt - 2
Sarria –
Idee und Ausführung

Es ist ein warmer und sonniger Dienstagnachmittag, Anfang Juni 2008. In die anderen weiß überzogenen Doppelstockbetten im Schlafraum der Herberge „Don Alvaro" waren neue Pilger eingezogen. Fünf Franzosen, fünf Fahrradpilger, die in ihren gestreiften Trikots vor einer Stunde eingetroffen sind und gleich das Bad mit Beschlag belegt haben. Sie planschen und lärmen drin rum wie Kinder. Von der Straße dringt kaum ein Geräusch herein. Die Herberge, direkt am Camino, Camino heißt übrigens Weg, liegt in einer verkehrsberuhigten Zone. Ich liege auf meinem Bett und träume vor mich hin.

Meine Ferse hat sich durch die Behandlung in der Klinik ein wenig gebessert, darüber bin ich mächtig froh, froh auch vor allem, dass ich hier einen Unterschlupf gefunden habe. Mich hat die familiäre und gemütliche Atmosphäre, welche die Menschen und das Haus hier ausstrahlen, gleich beeindruckt.

Am frühen Abend schaue ich meine gebrauchte Wäsche im Rucksack an, Socken, Unterwäsche, eine Hose und ein Hemd müssen gewaschen werden. Ich frage die Wirtin: „Donde esté una Máquina lavar?" so in etwa. „Wo ist hier eine Waschmaschine?" Doch sie nimmt mir einfach die Sachen aus den Händen und bedeutet mir, ich soll mich wieder hinlegen, sie wird sich um die Wäsche kümmern. Ich freue mich, dass ich auch noch morgen hierbleiben kann. Das ist in Pilgerherbergen nur im Krankheitsfalle möglich. Laut Gesetz müssen Pilger nach einer Übernachtung, wenn keine zwingenden Gründe vorliegen, bis 8 Uhr morgens die Herberge verlassen haben.

Aus der Küche duftet es verführerisch, und ich mache mich auf den Weg dorthin. Mittlerweile verspüre ich einen Riesenhunger, ich habe ja den ganzen Tag noch nichts Ordentliches gegessen. Außer dem Milchkaffee mit dem Croissant heute Morgen in O Cebreiro und einem Apfel und einer Banane hat mein Magen nichts zum Arbeiten bekommen. Ich stehe unschlüssig in der Küche rum, Karlheinz und Heike haben gekocht und laden mich zusammen mit einer gespendeten Flasche Rotwein zum Essen ein. Karlheinz, ein begeisterter Hobbykoch, hat ein tolles Fischgulasch mit Reis gezaubert. Hm, es schmeckt vorzüglich. Karlheinz und Siggi, ein anderer Pilger, den ich auch vor ein paar Tagen unterwegs kennengelernt habe, stellen dann fest, dass sie beide ihr Geld in Deutschland als Kraftfahrer auf der Straße verdienen, nur in verschiedenen Branchen. Sofort gibt es zwischen uns allen, auch ein paar andere Pilger haben sich dazugesellt, ein Riesenpalaver über den Straßenverkehr, die Punkte in Flensburg, den Zeitdruck und die nicht bezahlten Überstunden, über gefährliches Auffahren, bis hin zum Sekundenschlaf. Eben so richtige Kraftfahrerthemen, bei denen jeder von uns mitreden kann. Später zeigt mir Lothar das gemütliche Kaminzimmer, welches direkt neben dem großen, mit viel Liebe eingerichteten Aufenthalts-

raum liegt. Er sagt: „Hier wird jeden Abend ein Feuer angemacht, dann stellt der Wirt vier Flaschen mit verschiedenen Schnäpsen auf den Tisch, daraus kann sich dann jeder bedienen!" „Toll, dann sehen wir uns ja nachher hier." Ich hole mir beim Wirt noch mal eine Flasche Rotwein. Im Kaminzimmer prasselt schon ein Feuer, als ich eintrete, eine Menge Leute sitzen im Raum herum, ein Mann klimpert auf einer Gitarre. Ein Gast lacht mich freundlich an und stellt gleich ein volles Glas mit einem grünlichen Schnaps vor mich hin. Lothar sitzt auch schon mit einem vollen Glas da und zeigt mir, aus welcher Flasche sein Getränk ist. Denn mal Prost! Das grünliche Zeug ist sehr süß und so gar nicht mein Geschmack. Ich zeige auf die Flasche mit dem Klaren, den auch Lothar trinkt, es ist ein „Orujo", so eine Art Grappa oder Tresterschnaps, die Spezialität dieser Gegend, und schmeckt sehr gut. Der Abend ist gerettet.

Der Gitarrenspieler, er kommt aus Italien, stimmt einige Lieder und Songs an. Je nach Stimme und Textsicherheit summen und singen einige mit. Im Raum herrscht Multikulti, Engländer, Iren, Holländer und eine Finnin, dazu drei Deutsche. Jeder hat ein paar Songs, die er gerne hören möchte. Irgendwann stimmt er „Volare" an, einen alten Erfolgsschlager aus Italien, mein Lieblingslied, das heißt, es ist das einzige Lied, dessen Text ich richtig kann. Jetzt kommt meine Stunde, zu Hause singe ich in einem Gospelchor, und nun kann ich meine Bassstimme voll ausspielen. Ich schmettere „Volare oho, cantare ohohoho" und alles singt begeistert mit. An diesem Abend haben wir das Lied noch 2-mal gesungen, angestimmt haben es nachher andere. Es ist eine so tolle Stimmung, dass es einem bei Songs wie „La Montanara", „Time to say goodbye" oder „Amigos para siempre" heiß und kalt den Rücken runterläuft.

Ich bin glücklich, und so fühle ich mich auch. Langsam leert sich der Raum, nur der Wirt, Lothar und ich sitzen noch vor dem Feuer, das langsam in sich zusammensinkt. Ich zeige auf den Schnaps und frage den Wirt. „Por favor la quenta, bitte die Rechnung?" Er schüttelt den Kopf. „Nada", „Nichts!" Und das alles bei einem Übernachtungspreis von 6,– Euro, es ist kaum zu glauben.

Inzwischen habe ich ein ordentliches Quantum an Wein und Schnaps in mir und dank des Alkohols keine Schmerzen in meinem Fuß. Nicht mehr ganz sicher auf den Beinen, wackle ich in Richtung meines Schlafraumes, lege mich auf mein Bett und bin innerhalb kürzester Zeit eingeschlafen. Ich schlafe fest und traumlos, und so bekomme ich den Abgang meiner Pilger-Kollegen gar nicht mit. Gegen halb acht Uhr weckt mich Lothar, der wegen seines Magens noch mal einen Ruhetag einlegen will. Er muss runter in die Stadt und Lebensmittel im Supermarkt einkaufen, denn morgen geht es weiter. Er mit dem Rad und ich zu Fuß, sofern ich schon kann. Außer der Putzfrau sind wir alleine in der Herberge. Bevor er geht, machen wir uns noch schnell ein Frühstück mit Spiegeleiern, Käse und Wurst, damit alle Reste weg sind. Zum Nachtisch gibt es noch ein Joghurt und eine Banane, wir leben wie die Fürsten.

Bald ist völlige Ruhe im Haus und ich hänge meinen Gedanken nach. Warum wurde ich eigentlich Pilger, welch ein idiotischer Gedanke hatte mich bloß hierhergebracht? Der Anfang war Mitte April 08, ein Anruf bei meinem Freund Rolf in Freising, einem waschechten Bayer. Rolf und ich kannten uns schon seit fast 40 Jahren und waren zusammen über 23 Jahre für dieselbe Firma im Außendienst tätig gewesen. Wandern war unser Hobby, 1975, gleich zum Einstand, waren wir zwei Drittel des Westwegs im südlichen Schwarzwald gelaufen. Damals hatte ich, dank meiner schlechten Schuhe, viele Blasen gehabt und drei Zehennägel eingebüßt. Der Arzt, ein Freund von mir, den ich wegen meiner geschundenen Füße aufsuchte, sagte nur: „Du siehst genauso aus wie einer von denen, die 1944 im Krieg auf der Flucht vor den Russen gewesen sind!" Ab 1976 waren wir beide (Kameraden) dann einige Jahre auf Alpenwegen und Klettersteigen im Allgäu unterwegs. In der Zwischenzeit war Rolf dann immer öfter mit einer Gruppe zusammen, die mehr Klettertouren unternahm. Letztendlich hatte er mit seinen Kletterern viele Berge in den Alpen, in Chile und zuletzt in Nepal erstiegen. Nur ich bin immer auf dem Niveau eines einfachen Wanderers geblieben. Manchmal war ich traurig und auch ein wenig neidisch auf seine Erfolge, ich wäre so gerne dabei gewesen!

Doch zurück zu dem Telefonat im April. Rolf erklärte mir: „Ii bin grod im Stress, ii mues zerst en Flug nach Madrid und dann oan nach San

Sebastian buchen, ii geh auf den Camino Francés!" „Wie bitte?" „Ja woast net wo des is, der Camino Francés is doch der Jakobsweg nach Santiago de Compostela!" Ich war erst einmal eine Weile sprachlos, dann wollte ich weiterfragen, doch er sagte: „Ii ruef di morgen früh an, ii hobs eilig!" Ich hängte mich sofort ins Internet, bei Google gab es viele Seiten über den Weg nach Santiago, und da konnte ich mich zuerst einmal gründlich einlesen. Wow, das wäre doch auch was für mich! Aber ich als protestantischer Pilger zum heiligen Jakob? Ja, warum eigentlich nicht? Der Gedanke gefiel mir, und nach meinen zwei, aber nicht nur allein durch mich, gescheiterten Ehen hatte ich vielleicht auch ein paar Gründe, um Buße zu tun!

Rolf war dann am 7. Mai in Saint-Jean-Pied-de-Port in Frankreich losgelaufen, seine erste Etappe über die Pyrenäen nach Roncesvalles in Spanien. Irgendwann hatte ich ihm einmal erklärt, dass ich auch gerne mitgegangen wäre, aber an seinen Kommentaren merkte ich, dass es ihm eigentlich so, im Alleingang, besser passte. Natürlich war er besser in Form als ich, das hatte ich gemerkt, als wir im vergangenen Jahr 20 Kilometer an einem heißen Sommertag bei Bregenz am Bodensee zusammen gewandert waren. Doch vielleicht machte es so einen Sinn. Mitte Mai sagte ich ihm, dass ich das letzte Drittel des Camino gehen werde, vielleicht, um ihn irgendwo unterwegs zu treffen. Er fand die Idee gut, und wir wählten Astorga, eine Kleinstadt direkt am Pilgerweg, als Treffpunkt aus.

Inzwischen liefen auch meine Reisevorbereitungen auf Hochtouren, vieles musste ich jedoch erst neu anschaffen. Von atmungsaktiven Hemden und Unterwäsche oder wind- und wasserdichten Hosen, Anoraks und Regenbekleidung hatte ich keine Ahnung. Nichts davon war in meinem Kleiderschrank, weil ich bis dahin auf so einen Komfort einfach keinen Wert gelegt hatte.

Aus dem Internet hatte ich mir Packlisten für den Rucksack ausgedruckt, an was man da doch alles denken musste. Das Ganze durfte auch nicht zu schwer sein, höchstens 10 bis 12 kg, sonst schleppte man sich am Ende zu Tode. Am Telefon hatte mir Rolf geraten, ein paarmal mit vollem Rucksack eine größere Strecke zu gehen. Darum hatte ich mir einen großen Rucksack geliehen, 10 Liter Wasser reingepackt und bin in die Vogesen zum Wandern gegangen. Bergauf, bergab. Wie sich jedoch am Ende herausstellte, war das alles für die Katz, die Aktion hat mir beim Pilgern auf dem Camino nicht viel geholfen. Großen Wert habe ich auf die Zusammensetzung meiner Reiseapotheke gelegt. In meinem Alter, ich bin über 70, hat man leider auch schon ein paar kleine Wehwehchen. Zuerst kamen die Tabletten für den Bluthochdruck, dann die für die Prostata. Dazu hatte ich mir im vergangenen Jahr eine chronische Polyarthritis, eine entzündliche rheumatische Erkrankung, zugezogen, dafür brauche ich auch noch mal drei Tabletten am Tag. Somit waren es ohne Magnesium oder Multivitamine schon fünf Tabletten, und das jeden Tag. Armer Magen! Als Nächstes brauchte ich Blasenpflaster, Schmerz- und Durchfalltabletten, Mull und Binden. Dazu Salben für müde oder geschwollene Füße, zuerst eine für vor und dann eine für nach der Wanderung. Was brauchte ich zuerst, und welche Sachen nur einmal am Tag, und dann auch sehr wichtig, wo verstaue ich mein Vesper?

Nachdem aus Termingründen ein billiger Flug nicht mehr möglich war, buchte ich meine Fahrt bei der „Deutschen Touring". Deren Busse fuhren 3-mal in der Woche von Karlsruhe über Frankreich und Spanien am Jakobsweg entlang bis nach Portugal, ich konnte also aussteigen, wo ich wollte. Nun musste ich nur noch Irmi, meine Partnerin, von meiner Pilgerreise überzeugen. Doch als wir zusammen meine „Fahrkarte ins Ungewisse" abholten, nahm sie mich in die Arme und sagte: „Ich wünsche dir viel, viel Glück auf deiner Pilgertour, komm nur bitte wieder gesund zurück." Viel schneller als gedacht stand der Tag meiner Abreise, Mittwoch, der 28. Mai, vor der Tür. Es schien ein warmer Tag zu werden, trotzdem zog ich meinen neuen Anorak an und setzte meinen, extra für die Reise neu gekauften Hut auf. Im Zug stellte ich erst einmal meinen zwölfeinhalb Kilo wiegenden Riesenrucksack auf einen Sitz und legte dann meinen Hut in die Ablage. Ich glaube, dort liegt er heute noch, denn ich habe ihn beim Aussteigen einfach vergessen.

Hinter dem Karlsruher Hauptbahnhof befindet sich ein großer Busparkplatz, von dort sollte es dann um 11 Uhr 45 weitergehen. Es war 11 Uhr 47 und noch war kein großer, moderner Touring-Bus zu sehen, nur ein kleiner mickriger Reisebus ohne Beschriftung, davor ein Fahrer, der nach Passagieren Ausschau hielt. Langsam wurde es mir mulmig, sollte ich die Abfahrtzeiten verwechselt haben?

Ich kontrollierte noch mal mein Ticket, alles o.k. Ich schlenderte auf den kleinen Bus zu und fragte den Fahrer, ob hier auch ein Touring-Bus halte? Der Fahrer, der andauernd auf seine Uhr gesehen hatte, schaute mich verblüfft an und sagte in gebrochenem Deutsch: „Hier is Touring-Bus!" Schmiss meinen Rucksack in die noch offene Ladeklappe und scheuchte mich in den Bus auf einen Sitz. Das konnte ja heiter werden! Obwohl der Bus verdammt eng war, reichte der Platz gerade noch, weil

jeder Passagier momentan auch den Nebensitz für sich hatte. Mein Nebenmann auf der anderen Busseite war ein junger Münchner und, wie ich bald erfuhr, auch auf dem Weg nach Santiago. Nur er wollte den Camino, wie mein Freund Rolf, ebenfalls in Frankreich in Saint-Jean-Pied-de-Port anfangen und hat sich dafür zwei Monate unbezahlten Urlaub genommen. Schon um 5 Uhr früh war er mit diesem Bus in München abgefahren, die beiden Busfahrer seien Tschechen und unser Bus nur ein Zubringer, in Kaiserslautern würden wir in einen Überlandbus umgeladen, erklärte er mir dann. Bei unserem nächsten Halt in Mannheim steigt eine große Familie mit einem Säugling ein, sie sahen exotisch aus, so wie Inder, Sinti oder Roma. Alle vier Kinder waren wohlerzogen, von dem Baby haben wir auf der ganzen Fahrt bis Spanien kaum einen Ton gehört. Vielleicht war es ruhiggestellt? Der Bus, der uns dann in Kaiserslautern abholte, gehört einem portugiesischen Unternehmen und fuhr im Auftrag der Touring. Er kam aus Aachen und einige Plätze waren schon besetzt. Wir, die Passagiere aus dem Zubringerbus, stiegen ein, und sofort ging es weiter in Richtung französischer Grenze. In Frankreich, kurz vor Metz, setzte sich ein Auto der französischen Polizei vor unseren Bus und stoppte ihn. Zwei französische Gendarmen verlangten unsere Ausweise zu sehen. Hinten im Bus saßen zwei Farbige, die nach Portugal wollten. Einer von ihnen hatte anscheinend keine gültigen Papiere und wurde kurzerhand mitgenommen. So gegen 19 Uhr fuhren wir an Paris vorbei, um kurz danach vor einer Raststätte zu halten. Alles raste zur Toilette. Manche holten sich auch noch schnell an der Theke im Bistro etwas zu essen. Ich verzehrte mit viel Appetit drei Stück meiner Fleischküchle, die mir Irmi noch zu Hause gebrutzelt hatte.

Nach einer zweiten nächtlichen Pinkelpause, so gegen 1 Uhr nachts, haben wir erst wieder morgens um 6 Uhr in „Saint-Jean-Pied-de-Port, heiliger Johann am Fuße des Passes", angehalten. Welch ein merkwürdiger Name für eine Stadt! Dieser erklärt sich aus der Lage der Stadt am Anfang der Passstraße von Frankreich nach Roncesvalles in Spanien. Dort, am Aufstieg über die Pyrenäen, wurde mein junger Münchner Pilgerkollege aus der Enge des Busses in die Weite des Camino entlassen. Ab hier muss er seinen Weg zu Fuß gehen, einen Weg, der ihn nach Santiago de Compostela bringen soll. Und ich, nun ich darf noch bis Astorga weiterfahren.

Der Quereinsteiger zum Ende der Welt - 3
Astorga, Molinaseca, Ponferrada, Cacabelos,
Vega de Valcarce, Ruitelán – Erste Schritte

„Warum wurde ich eigentlich Pilger, welch ein idiotischer Gedanke hat mich bloß hierhergebracht?" Aua, Lothar hat mich mit einem kleinen Schubser aus meiner Träumerei aufgeweckt, ich bin eingedöst und dabei fast aus dem Sessel gefallen. Doch durch diese „geistige Abwesenheit" konnte ich den Anfang meiner Pilgerreise nochmals hautnah erleben. Er fragt mich, was mein Fuß macht und ob ich ein wenig mit vors Haus komme, einfach frische Luft schnappen, wie er sagt? Ich will es versuchen und gehe humpelnd ein Stück mit, die Straße hinunter. Nach hundert Metern, gleich rechts um die Ecke, gibt es ein Restaurant, und auf der anderen Seite befindet sich das Rathaus und die Touristinformation. Dort gehen wir hinein und lassen uns von einem jungen Mann einen Stempel in unser *Credencial* geben. Stadtpläne und eine kleine Broschüre über Sarria legt er mit dazu.

Als wir aus dem Rathaus kommen, traue ich kaum meinen Augen, direkt gegenüber, vor dem Restaurant, das wir ansteuern, sitzen mein Freund Rolf und meine Pilgerkollegen der ersten Stunde, Anton, Heidi und Katharina. Welch eine Überraschung! Die drei Ersteren habe ich seit Villafranca nicht mehr gesehen. Ab hier, auf der alten Nationalstraße 6, begann ja mein Leidensweg, endlose 18 bis 20 km lang fast nur Asphalt. Irgendwo auf der Strecke traten dann bei mir diese bohrenden Schmerzen in der rechten Ferse auf. Beim Nachschauen hatte ich aber keine Druckstelle gefunden. Ich bekam Angst, dass ich mir wieder mein altes Übel, einen „Fersensporn", zugezogen hatte. Automatisch versuchte ich, den Fuß nicht mehr stark zu belasten

und lief langsamer. Dadurch konnte ich aber nicht mehr das schnelle Marschtempo meiner Freunde einhalten. Und da bei uns immer mal ein anderer das Schlusslicht bildete, hatte auch anscheinend niemand bemerkt, dass ich zurückgefallen war. Ich konnte einfach nicht mehr weiter, und selbst langsames Gehen bereitete mir noch Schmerzen. Und so musste ich in der städtischen Pilgerherberge in „Vega de Valcarce" statt in Ruitelán übernachten, dreieinhalb Kilometer oder eine Station früher als meine Freunde. Trotz aller Schmerzen  stand hier erst einmal Wäschewaschen auf meinem Plan. Da ich jedoch nicht so viel Zeug hatte, konnten noch ein paar Pilger ihre Klamotten mitwaschen. Der Wäschetrockner war auch nicht belegt, und so kam alles schnell nach dem Waschen dort rein. Auf einmal stand Katharina vor mir, wir kannten uns ja aus Molinaseca. Sie hatte ihre Wäsche von Hand gewaschen und war froh, dass sie den Trockner mitbenutzen konnte. Dafür hat Katharina dann erst einmal meine Ferse verarztet, an der sich inzwischen tief unter der Hornhaut eine Riesenblase gebildet hatte. Später, bei einer vorzüglichen Mahlzeit im „Mesón las Rocas", dahin konnte ich gerade noch mit ihr humpeln, hat sie mir nochmals ans Herz gelegt: „Du musst dringend zu einem Arzt". Leider konnte ich das gute Essen wegen meiner Schmerzen nicht so richtig genießen!

Auf dem Camino funktionierten die Buschtrommeln einwandfrei, und so hatten meine Freunde sehr schnell durch Katharina von dem Pech mit meiner Ferse gehört. Doch wie es mir in O Cebreiro erging und wie ich dann in Sarria gelandet bin, davon wussten sie noch nichts. Und so hatten wir genug Themen zum Quatschen. Nach einer Stunde ziehen sie dann weiter. Lothar und ich sitzen in der Sonne, trinken unseren obligatorischen „Café grande con Leche" und reden von zu Hause. Lothar erzählt mir von der kleinen Gemeinde bei Karlsruhe, in der er aufgewachsen ist. Seine Lehre hat er in einem metallverarbeitenden Betrieb in Pforzheim gemacht, ich muss lachen, gleich nach dem Abschluss meiner Mechaniker-Lehre in Schwenningen habe ich zwischen 1955 und 1958 ja auch in Pforzheim gewohnt und gearbeitet. Das hektische Leben im Nachkriegs-Pforzheim habe ich seinerzeit in vollen Zügen genossen. Vielleicht sind wir uns damals sogar irgendwo begegnet, ich war ja jeden Abend unterwegs. Ich kann mich auch noch sehr gut an die vielen Ruinengrundstücke, die einstöckigen Läden und die vernagelten Fenster an den Häusern erinnern.

Nach dem Studium hat Lothar viele Jahre als Leiter in der Entwicklungsabteilung eines Druckmaschinen-Herstellers in Nordbaden gearbeitet und seine ganze Energie und Zeit in diese Arbeit gesteckt. Jetzt, im Ruhestand, hat er das Gefühl, vieles nachholen zu müssen, und so kam er auf den Camino. Von Haus aus sehr christlich, ist er wegen eines Konfliktes mit einem katholischen Geistlichen, der mit seiner Schwester ein Kind gezeugt hat, in einem sehr gespannten Verhältnis zur Kirche. Umso mehr haben ihn daher die Frömmigkeit, die Hilfsbereitschaft und die Freundlichkeit der Pilger auf dem Camino begeistert. Er hat hier viele nette Bekanntschaften gemacht und auch gute Freunde gefunden, wie er mir sagt. „Warum bist du eigentlich auf dem Camino?" fragt er mich dann, und ich erzählte ihm die Geschichte von dem Anruf bei meinem Freund Rolf, den er ja auch gerade kennengelernt hatte. „Ja und warum seid ihr dann nicht zusammen gelaufen?" – „Ganz einfach, weil ich noch bei der Planung war, als Rolf schon auf dem Camino pilgerte."

Als Nächstes berichtete ich ihm von meiner Busfahrt ab Karlsruhe am 28. Mai morgens, über Frankreich und Spanien nach Astorga, der Kleinstadt am Jakobsweg. Dort war ich am Donnerstag, den 29. gegen 11 Uhr angekommen. Er lachte, als ich zu ihm sagte: „Lothar, eines ist sicher, wenn ich meine Pilgerei einfach mal als Buße für irgendetwas Schlechtes in meinem Leben betrachte, habe ich doch bei dieser Höllenfahrt, über 26 Stunden lang, von Karlsruhe nach Astorga, eingepfercht wie eine Ölsardine aus der Dose in die engen Sitze unseres Busses, dann habe ich doch sicher schon einen großen Teil dieser Buße eingelöst, oder?"

Danach erzählte ich ihm noch von dem Missgeschick mit meinem Handy, welches ich, ohne es zu bemerken, bei der Busfahrt beschädigt hatte. Mein Handy funktionierte einfach nicht mehr, doch das fiel mir erst auf, als ich versuchte, mich zu Hause oder bei meinem Freund Rolf zu melden. Ein freundlicher Vodafon-Händler in Astorga half mir dann aus der Klemme, indem er das Handy solange auseinander- und erneut zusammenbaute, bis es wieder funktionierte.

Und wie glücklich meine Irmi später war, als sie hörte, dass ich gut in Spanien gelandet bin, und Rolf! Ja mein Freund Rolf war einfach, weil er mich über mein kaputtes Handy ja nicht erreichen konnte, mit seinen Pilgerkameraden von Astorga in Richtung Molinaseca weitergezogen. Am 30. Mai, also morgen Nachmittag, wolle er dann dort ankommen. Die Herberge „Santa Marina" in Molinaseca werde unser neuer Treffpunkt sein. Nachdem ich jedoch die Gruppe zu Fuß über die Berge nicht einholen kann, muss ich morgen früh eine dreiviertel Stunde mit dem Bus von Astorga nach Ponferrada fahren und von dort nach Molinaseca laufen. Zum besseren Verständnis erzählte ich dann Lothar das alles auch noch.

Es war erst gegen 12 Uhr an jenem Donnerstag, meinem ersten Tag in Spanien, und da ich genügend Zeit hatte, konnte ich mir ein wenig die Stadt Astorga ansehen. Zahlreiche bauliche Reste wiesen auf den römischen Ursprung des Ortes hin, der früher Asturica-Augusta hieß, wie auf einer Tafel stand. Eine steile Treppe führte von der Unterstadt hoch zur großen Kathedrale mit einem angeschlossenen Museum. Dort setzte ich meinen schweren Rucksack ab und erwarb für einen Euro erst einmal ein „Credencial", die Stempelkarte des „Camino Francés". Die große, umfangreiche Ausstellung in Museum und Kirche über Astorga als Bischofssitz erschlug mich nachher beinahe durch die vielen sakralen Bilder und Kunstwerke. Wieder draußen, im strahlenden Sonnenschein, stand ich vor einem mit vielen Türmchen verzierten Bauwerk, dem Bischofspalast.

Der weltberühmte Künstler Antonio Gaudi erbaute ihn 1889, im neogotischen Stil. Allerdings hatte nie ein Bischof darin gewohnt, so wurde mir später gesagt. Heute beherbergt der Palast das „Museo de los Caminos" (Museum der Jakobswege).

Anschließend an meine Stadtbesichtigung fragte ich in der Touristeninformation nach Übernachtungsmöglichkeiten. Die junge Frau empfahl mir die Pension „García", eine alte Pilgerherberge. Und das war sie dann auch, im wahrsten Sinne des Wortes, alt und verbraucht, aber wenigstens sauber. Die Speisekarte, die mir die Bedienung beim Abendessen vorlegte, war jedoch sehr gut sortiert. Und auch das Essen war einwandfrei, im Gegensatz zum alten Zimmer. Hier bemerkte ich dann auch zum ersten Mal eine der Segnungen des Pilgerdaseins. Die Mahlzeiten nennen sich „Menú Peregrino", „Pilgermenü", und sind in fast jedem Restaurant am Camino zu haben. Die Auswahl bei Vor-, Hauptspeise und Nachtisch ist groß, und ein Menü kostete selten mehr als 10,– Euro, und das alles inklusive eines Getränkes, egal ob Wasser oder Wein.

Meine Mahlzeit, die „Primero Plato", Vorspeise, bestand aus „Olla Podrida", einem Fleisch-Gemüse-Eintopf. Die „Segundo Plato", die Hauptspeise, war ein „Churrasco asado al Horno", gegrillte Schweinerippchen in Kräutern, dazu Pommes. Der Nachtisch heißt „Postre" und bietet eine Auswahl zwischen Obst und Creme Karamell. Ich entschied mich für ein Yoghurt. Dazu gab es eine Flasche Rotwein. Von dem Essen war ich nudeldicke voll, sodass ich noch einen Absacker in einem kleinen Lokal gegenüber von mir nahm.

Doch schon um 22 Uhr war ich wieder, recht müde von dem langen Tag, zurück in der Pension. Ich schlief unruhig in dieser Nacht, denn in den danebenliegenden Zimmern schnarchten einige Personen sehr laut. Gut, dass ich Oropax hatte. Morgens wachte ich schon früh auf. Bei meinem Weg ins Bad fielen mir einige eingerahmte vergilbte Zeitungsartikel an der Wand auf. Sie waren aus der Zeit vor dem 2. Weltkrieg. In den Artikeln wurde die Einweihung der Pension García und ihre gute Ausstattung als eine der besten am Camino beschrieben. Nun, ich glaube, seit damals wurde hier nicht mehr viel verändert.

Nachts hatte es geregnet, und als ich am Morgen aus dem Haus trat, waren die Straßen noch feucht. Auf dem Weg zum Busbahnhof kontrollierte ich nochmals meine Taschen. Verdammt, gestern Abend hatte ich mein Handy aufgeladen, wo war der Adapter? Fieberhaft durchwühlte ich den Rucksack, ohne Erfolg, das Teil kann nur in der Steckdose hängen.

Nichts wie zurück zur Pension, doch dort war noch alles geschlossen und die Haustüre hatte ich ja fest hinter mir zugezogen. Die machen erst um 9 Uhr auf, erklärte mir eine Nachbarin, die nebenan aus dem Fenster schaute. In dem kleinen Lokal gegenüber stand die Tür schon offen, oh, dann konnte ich ja hier vielleicht einen Kaffee bekommen. Voller Freude bestellte ich mein erstes Frühstück auf spanischem Boden, „un Café grande con Leche y un Croissant". Etwas anderes gab es hier sowieso nicht. Um 5 Minuten nach 9 Uhr hatte ich meinen Adapter wieder und machte mich, heute zum zweiten Mal, auf in Richtung Busbahnhof.

Auf dem Weg dorthin traf ich noch einen Mann mit einem großen Rucksack. Ich sprach ihn an, auch er war ein deutscher Pilger und wir stellten fest, dass wir beide mit dem Bus nach Ponferrada mussten. Die dreiviertel Stunde verging wie im Fluge, und als wir dort ankamen, hatte mir mein Mitfahrer schon einiges aus seinem Leben erzählt. Er hieß Ingo, kam aus Marburg, arbeitete in einem Notariat und wollte beim Pilgern zu neuen Einsichten kommen.

Nachdem wir im Busbahnhof einen Blick in meinen Wanderführer geworfen hatten, sahen wir, dass mein Weg nach Molinaseca quer durch Ponferrada führte. Ingo hatte noch keine Ahnung, wohin er wollte, und ging deshalb einfach mit mir. Aus meinem Führer wussten wir, dass es hier eine alte Templerburg geben musste, die wollten wir zusammen anschauen. Fast am Ende der Stadt, über einer Brücke, erhob sich die wuchtige Festung steil empor. Inzwischen brannte die Sonne vom

Himmel, und wir waren ordentlich ins Schwitzen gekommen, und so setzten wir uns in den großen schattigen Innenhof und lasen dann in einer Beschreibung: *„Die Burg erhebt sich über dem Fluss Sil und ragt hoch über den Altstadtkern von Ponferrada hinaus. Die Errichtung dieser mittelalterlichen Festung mit vieleckigem Grundriss wurde im späten 12. Jahrhundert in Angriff genommen."*

Bei unserer Besichtigungsrunde kamen wir nur durch leere Räume, Waffensaal, Stallungen und einige Türme.

Nach dem Gang durch die vielen alten Gemäuer hatten wir Hunger bekommen und stapften weiter in die Altstadt hinauf. Um einen schönen Platz vor der Kathedrale gruppierten sich etliche Restaurants und Cafés, wir setzten uns gleich in das erstbeste und hatten gut gewählt. Die hübsche, freundliche Bedienung versorgte uns sofort mit Getränken, und als wir unsere Essensvorräte auspackten, um hier ein spätes Frühstück einzunehmen, hatte niemand etwas dagegen. Um 11 Uhr 30 läuteten die Glocken der Kathedrale und wir beschlossen, die Messe zu besuchen. Es war nur eine kurze Andacht, doch in der Kirche waren viele Gläubige. Nach der Messe gingen wir in die Sakristei und ließen uns unser Credencial abstempeln. Auf diesem „Beweisstück" für den zurückgelegten Pilgerweg kann man gar nicht genug Stempel haben.

Mein Handy läutete, es ist mein Freund Rolf, der fragte: „Kerl, wo bleibst denn, schau dass herkommst, mir san scho kurz vor der Herberge." Ich erklärte ihm, dass ich gerade eine Messe besucht hatte, worauf er meinte: „Du, no pass auf, dasd ned zu heilig wirst." Nachdem er mir dann noch den Weg, die 5 km von Ponferrada nach Molinaseca, erklärt hatte, musste ich mich von Ingo verabschieden, er wollte hierbleiben. Leider habe ich ihn auf meinem Weg nach Santiago nicht mehr getroffen.

Doch dann ging es los, meine ersten wirklichen Pilgerschritte auf dem Camino. Ein Platzregen behinderte jedoch gleich meine Aktivitäten. Immerhin, nach eineinhalb Stunden sah ich, kurz nach dem Ortseingang von Molinaseca, auf der linken Seite die Privatherberge „Santa Marina". Endlich konnte ich meinen Freund Rolf begrüßen, welch eine Freude, wir hatten uns ja fast eine Ewigkeit nicht mehr gesehen, und so beklopften wir uns ausgiebig die Rücken.

Nachher zeigte er mir dann meinen Schlafraum im Obergeschoss, dort waren rechts und links jeweils 6 Doppelstockbetten, in einem davon belegte ich das Unterbett.

Mich überkamen gemischte Gefühle, ich hatte Muffensausen, doch zurück von meinem Vorhaben konnte ich nicht mehr. Diese Herberge war quasi mein Einstieg in das Pilgerdasein. Und das mit einer Gruppe, von der ich nur Rolf kannte, hatte ich da überhaupt eine Chance mitzuhalten? Kurz darauf trafen wir uns vor der Hausbar, welch ein Luxus für eine Herberge! Wir bestellten jeder ein Bier, das frisch gezapft wurde, doch auf Grund meiner Gemütslage wurden aus einem dann mehrere. Rolfs Pilgerkollegen kamen dazu, und er stellte sie mir vor, Heidi, eine zierliche Schweizerin, und Anton, einen braungebrannten Oberbayer, zwei brauchbare Typen, wie ich innerlich feststellte. Von Anton, kannst Done zu mir sogn, erfuhr ich später, dass er bis zu seiner Frühverrentung bei einem Kraftfahrtunternehmen gearbeitet hat und später bei der Kommune, in einem Wallfahrtsort, nochmals eine gute Anstellung fand. Auf den Camino hatte er sich zwei Jahre lang intensiv vorbereitet.

Da wir alle Hunger hatten, in Molinaseca gab es laut Reiseführer ein paar gute Restaurants, machten wir uns auf den Weg. Wir fanden im „El Palacio" schöne Plätze und wurden, da noch nicht viele Gäste hier waren, auch gleich bedient. Ich bestellte einen Salat Russia, als Vorspeise, danach gebratenen Bacalao, einen Fisch, der in einer leichten hellen Soße serviert wurde. Ich fragte, was für ein Fisch Bacalao wäre, und Heidi erklärte mir: „Bacalao ist ein Stockfisch, ein getrockneter Kabeljau, und muss vor dem Verzehr einige Zeit gewässert werden." Als Beilage gab es grob gewürfelte angebratene Kartoffeln, und zum Nachtisch für mich wieder ein Joghurt. Die Getränke bestanden aus Wasser und Wein. Das Essen hatte gut geschmeckt, zumal alle etwas anderes auf dem Teller hatten und jeder bei jedem probieren konnte. Draußen nieselte es leicht, als wir uns auf den Heimweg machten. Im Schlafsaal brannte Licht, ein Pilger mit braunem Bart und großem Kreuz um den Hals verband einer älteren Frau das Bein. Als wir uns dann später noch mal trafen, habe ich erfahren, dass er Heinz hieß und die Frau nicht seine Ehefrau war, sondern nur Hilfe brauchte. Direkt neben mir in den nächsten Betten lagen die Holländer, die ich nachmittags kennengelernt hatte, zwei kleine Frauen und ein großer Mann, und schliefen schon selig. Ich hatte mich vorher kurz gewaschen und mir die Zähne geputzt, nun lag ich in meinem neuen Schlafsack auf dem Bett. Wie wird wohl der kommende Tag sein? Durch das geöffnete Fenster hörte ich noch die Störche auf dem gegenüberliegenden Dach klappern. Langsam fielen mir die Augen zu.

Der Quereinsteiger zum Ende der Welt - 3
Astorga, Molinaseca, Ponferrada, Cacabelos,
Vega de Valcarce, Ruitelán – Die Pillendose

Am anderen Morgen stand ich um halb sieben unten im Waschraum und war beim Rasieren, als Rolf reinkam und mich fragte: „Kerl, wo bleibst denn, die andern san scho feartig und wollen weiter." Ich mich abgetrocknet und nichts wie hoch, im Vorraum stand mein fertiggepackter Rucksack. Beim Anziehen dieses Monsters klappte es natürlich nicht gleich und Rolf musste mir helfen: „Jo host denn dean noch nia ausprobiart", fragte er mich dabei. Kurz darauf hasteten wir zusammen hinter den anderen her, die schon längst außer Sichtweite waren. Kurz vor Ponferrada hatten wir sie eingeholt und standen einige Zeit später zusammen am selben Platz, wo ich gestern noch mit Udo gestanden hatte, vor der Templerburg.

Es war 8 Uhr 30, und da von uns noch niemand gefrühstückt hatte, war jetzt der richtige Zeitpunkt. Vor der Cafeteria Godivah, die wir ansteuerten, standen schon einige Pilgerrucksäcke, aber innen gab es noch genügend Plätze. Außer Heidi, die eine Schocki wollte, bestellten wir anderen das obligatorische Pilgerfrühstück: „Un Café grande con Leche y un Croissant." Da ich ja jeden Morgen nach dem Frühstück meine 5 bis 6 Tabletten einnehmen musste, stellte ich die Pillendose auf den Tisch und bediente mich daraus. Die Kollegen schauten zuerst ungläubig, doch als sie erfuhren, um was es sich dabei handelte, gab es ein allgemeines Gelächter. Eine halbe Stunde später liefen wir schon wieder zügig weiter quer durch Ponferrada nach Camponaraya, wo wir kurz auf ein Getränk Halt machten, meine Kollegen hatten in einem Straßencafé Bekannte getroffen. Ich dachte ein

wenig nach, auf unserem Weg bisher hatte ich alle Pilger, die wir überholten, mit einem freundlichen „Buen Camino" gegrüßt, auf einmal sagte Rolf zu mir: „Kerl, du redst scho daher, als wend scho seit Monadn als Pilger unterwegs warsd"! War ich vielleicht ein wenig vorlaut?

Schon seit einiger Zeit waren mir immer wieder rechts und links unseres Weges Weinfelder aufgefallen, in denen eifrig gearbeitet wurde. Bis Cacabelos kamen wir dann auch an einigen größeren Weingütern vorbei, über die in meinem Reiseführer stand: *„Wenn Pilger in den Probierstuben der Winzer nach Wein fragen, bekommen sie kostenlos ein Gläschen eingeschenkt, manchmal auch mehrere!"* Leider war keine der Stuben offen! Angebaut wurde hier übrigens die Cabernet-Traube.

Bis zu unserem Übernachtungsziel in Cacabelos, der „Santuario de la Quinta Angustia", einer Kirche hinter einer Brücke am Ortsausgang, war es dann nicht mehr weit. Um halb drei kamen wir in der originellen Herberge an, sie ist in einem Halbkreis um die alte Kirche herumgebaut. 70 Einzelbetten in kleinen Zwei-Bett-Kabinen und alle unter einem Dach.

Kurz nach uns waren auch die Holländer eingetroffen und bezogen ihre Kabinen. Da ich mich heute Morgen nicht fertig rasieren konnte, tat ich es jetzt, nach einer ausgiebigen Dusche. Meine Freunde hatten viele alte Bekannte getroffen und waren überall am Begrüßen und Erzählen. Ich nahm meine Kamera, eine alte Olympus, ohne Display und anderen

Schnickschnack, und machte mich auf den Weg, um ein paar Aufnahmen zu schießen. Zuerst von den vielen Störchen, die auf der Kirche nisteten. Dann entdeckte ich eine große Weintrotte, die genauso aussah wie die alten Trotten in meiner jetzigen Heimat, der Ortenau. Im Fluss Río Cua gab es sogar ein Schwimmbad mit Sprungbrett. Alles schöne Motive! Wieder zurück, konnte ich mit Rolf, der auf seinem Bett in der Kabine lag, ein wenig über seine Erlebnisse als Pilger und den heutigen Tag quatschen. Inzwischen fand ich mein Pilgerdasein richtig schön.

Später, als ich meinen Rucksack inspizierte, fiel mir auf, dass meine Pillendose fehlte. Oh Schreck, ohne Tabletten war mein ganzes Unternehmen gefährdet! Wo hatte ich sie zuletzt gesehen, verlegt oder benutzt, vielleicht hatte ich sie auch einfach unterwegs verloren? Nach einigem Überlegen fiel mir ein, dass ich sie beim Frühstück in Ponferrada, in dem Café mit dem lustigen Namen, noch gehabt hatte, und wie meine Freunde darüber lachten, als ich sie auspackte. Aber wie sollte ich jetzt nach Ponferrada kommen? Ich ging zu dem Mädchen an der Rezeption. Nach einigem Hin und Her erfuhr ich, dass es im Ort eine Bushaltestelle gibt. Und als ich sie fragte: „Por favor, escribamelo", bitte schreiben Sie mir das auf, machte sie mir sogar eine Zeichnung des Weges. Sofort eilte ich in die angegebene Richtung. Doch dort war nirgends ein Bushalteschild zu sehen. Erst in einer Bar in der Nähe erfuhr ich, dass direkt vor dem

Haus gegenüber eine Haltestelle ist. Ein Gast sagte mir, in 10 Minuten muss ein Bus kommen, das nannte ich Glück. Die Zeit reichte ja gerade noch für einen „Cortado", einen kleinen Milchkaffee. Es war 17 Uhr 40, als ich in den Bus stieg. Eine halbe Stunde später war ich wieder am Busbahnhof in Ponferrada, den kannte ich ja noch von meiner letzten Fahrt mit Ingo hierher. Ich hastete die eineinhalb Kilometer, den ganzen Weg quer durch Ponferrada, zur Templerburg hoch. Dort gegenüber war das Café mit dem komischen

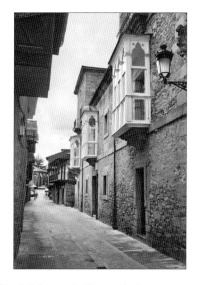

Namen „Godivah", ich ging rein. Natürlich war das Personal, das uns am Morgen bediente, nicht mehr da. Durch viel Reden, mit Händen und Füßen, konnte ich der geduldigen Verkäuferin erklären, was ich heute Morgen hier vergessen hatte. Und auch, welche Frau mich zu dieser Zeit bediente. Sie ging ans Telefon, redete einige Zeit, verschwand kurz und kam dann freudestrahlend mit meiner Pillendose zurück. Na, wenn das kein Wunder war! Ich trank zu meiner, und ihrer Beruhigung, einen „Carachillo", einen kleinen Kaffee mit einem kräftigen Schuss Osborne-Veterano darin. Dann verabschiedete ich mich von diesem freundlichen und hilfsbereiten Mädchen, am liebsten hätte ich sie vor Freude in den Arm genommen. Ein Trinkgeld hat sie jedoch sehr energisch abgelehnt.

Da der nächste Bus zurück erst um 20 Uhr fuhr, hatte ich noch genügend Zeit, auf dem Weg in einem Supermarkt einzukaufen. 2 kleine Chorizos, 3 Döschen Tintenfisch, abgepacktes Schwarzbrot, 2 Flaschen Wasser und 1 Flasche Rotwein lagen beim Bezahlen in meinem Korb.

Auf der Heimfahrt sah ich eine Gruppe halbnackter junger Spanier, die wie verrückt in einem Springbrunnen rumplanschten und laut johlten. Entweder ging es um Sport oder um eine Wette! Mich fror es bei dem Anblick.

Zurück in Cacabelos erfuhr ich per Handy, dass meine Kumpels in irgendeinem vornehmen Hotel zum Speisen waren. Ich landete im

„Mesón Pepe", dort saßen schon ein paar andere Pilger. Die Menükarte war wieder sehr abwechslungsreich und ich bestellte als Vorspeise: „Cocido de garbanzos", einen Kichererbseneintopf mit Fleisch und Gemüse. Das Hauptgericht bestand aus „Carne de Cordero", gekochtem Lammfleisch in einer braunen Soße, und Pommes. Zum Nachtisch bekam ich ein Stück „Manchego-Käse", einen Käse aus der Region um Burgos, der mich an der Theke so angelacht hatte. Den Tischwein, einen halben Liter Rosé, der hier angebaut wurde, hat man mir in einer Karaffe serviert. Es war direkt ein Vergnügen, in diesem Lokal zu speisen!

Rolf war noch wach, als ich in die Herberge kam. „Hast du deine Tabletten gefunden?" fragte er mich gleich. „Ja", „Gott sei Dank, dann ist ja alles gut!" Wir tauschten noch ein paar Bemerkungen aus, und irgendwann löschte er das Licht.

Der Quereinsteiger zum Ende der Welt - 4

Cacabelos, Villafranca del Bierzo, Sarria, Ferreiros, Portomarín, Hospital da Cruz – Kameraden

Lothar und ich sitzen in der Sonne vor dem Restaurant „Lacena Galega" in Sarria, ich habe gerade einen Teller gekochte Krake „Pulpo a feira" gegessen. Vor 10 Minuten hat uns Kuddel, ein Pilgerkollege Lothars, wieder verlassen. Die beiden sind sich schon ein paarmal auf dem Camino begegnet und tauschen dann immer wieder ihre neuesten Erlebnisse aus. Lothar, der vorher die ganze Zeit meinen Pilgererlebnissen zugehört hat, will jetzt auch noch den Rest hören: „Ja, und wie ging´s dann weiter mit deiner Pilgerei?", fragte er. „Na ja, manches hast du ja vorher schon mitbekommen, und das Übrige ist eigentlich schnell erzählt", erwidere ich!

„Wir übernachteten ja seinerzeit in Cacabelos, und so gegen 5 Uhr wachten wir durch sehr laute, in verschiedenen Tonlagen sägende Geräusche auf. In der Nebenkabine schnarchte einer nach allen Regeln der Kunst. Da jedoch alle Kabinen miteinander verbunden und oben offen waren, hörte man dieses Geräusch überlaut. Rolf, der auch aufgewacht war, sagte zu mir. ‚Klopf doch mal an die Wand.' Meine Klopferei nützte jedoch gar nichts. Ich probierte es noch einmal, diesmal ein wenig stärker, doch das Schnarchen hörte nicht auf. Stattdessen kam aus einer Nachbarkabine die Stimme unserer Kollegin Heidi. Sie verbat sich sehr nachdrücklich mein Klopfen und empfahl mir, Oropax zu nehmen. Mist, aber die hatte ich doch benützt! Toll, nur der Schnarcher durfte jetzt ungehindert weitersägen, für die meisten seiner Kabinennachbarn war jedoch die Nachtruhe zu Ende. In der Frühe gab es dann nur noch eine schnelle Katzenwäsche. Heute

Morgen brauchte ich mich ja nicht mehr rasieren, und den Rucksack hatte ich vorher ja auch schon gepackt, so stand ich fix und fertig vor unserer Schlafkabine. Kurz vor sieben liefen wir los, vom Kirchturm runter klapperten uns die Störche Adieu zu.

Heidi war anscheinend immer noch sauer wegen meines Klopfens. Und Anton und Rolf? Die beiden sprachen auch nichts! Autsch, da war ich wohl ins Fettnäpfchen getreten. Die erste Tagesetappe schien ein Schweigemarsch zu werden, und so hatte ich viel Gelegenheit, meinen Gedanken nachzuhängen; das fing ja gut an. Ich blickte mich um, die Gegend hier war von einem satten Grün. Leicht hügelig und mit lichten Baumbeständen ähnelt sie unserer Landschaft daheim. Es war warm, und die Luft roch nach frischgemähtem Gras. Etliche große Raubvögel, Bussarde oder Habichte, kreisten am Horizont. Nach eineinhalb Stunden kam ‚Villafranca del Bierzo' in Sicht.

Links, 200 m vor dem Ortsanfang, mitten auf einer Wiese, erschien wie eine Fata Morgana die große romanische „Iglesia de Santiago", eine Kirche aus dem 12. Jh. Mir fiel gleich in ihrer Mitte ein schön verziertes Tor, die sogenannte „Puerta del Perdón" auf, von der ich schon gelesen hatte. Leider hatte ich keine Zeit für einen Besuch, da wir ‚auf der Flucht' waren. Das ‚Auf-der-Flucht-Sein' betrifft viele Wallfahrer und ist eine

Folge zu langer, kilometerfressender Tagesetappen. Viele der Pilgertouren sind in ihrem Zeitplan so begrenzt, dass ein spontaner Halt einfach nicht möglich ist. Schade, wie viel Schönes an Erinnerungen und Begegnungen bekommt man dadurch gar nicht erst mit! Natürlich ist mir auch klar, dass viele Menschen, die hier auf ihrer Wallfahrt sind, oft nur für eine bestimmte Zeit Betriebsurlaub bekommen und dadurch auch nicht genügend Zeit für solche Besichtigungen haben. Ich frage mich trotzdem, ob deshalb das Pilgern auf dem Jakobsweg überhaupt noch ein Pfad zur inneren Einkehr sein kann, oder ob der Camino nur als eine Art Rennstrecke oder Fitnessparcours genutzt wird! Ist denn Pilgern inzwischen auf die Stufe eines modernen touristischen Abenteuers gesunken?

Unser schnelles Frühstück hatten wir in einem rustikal vornehmen Hotel im Ort eingenommen. Nach dem Frühstück sagte Anton: ‚Hört mal, was in meinem Reiseführer über Villafranca steht: Pilger, die aus Gesundheitsgründen nicht mehr ihr Ziel Santiago erreichen konnten, erhielten bereits hier in der „Iglesia de Santiago' den großen Ablass, als wären sie am Grab des Hl. Jakobus in Santiago gewesen.' Aha, also daher die ‚Puerta del Perdón', das ‚Tor des Verzeihens', kam es mir in den Sinn. Welch eine Ironie des Schicksals, denn von hier an begann ja erst mein Leidensweg."

Ich war beim Erzählen meiner Erlebnisse ins Grübeln gekommen, und darum sagte ich zu Lothar: „Also, die Geschichte mit den Schmerzen in meiner Ferse, die vorzeitige Übernachtung in Vega de Valcarce. Dann mein kurzer Weg bis Ruitelán, und von dort die Taxifahrt nach O Cebreiro. Das alles, und auch die Busfahrt nach Sarria, ebenso meine kleine Operation hier im Krankenhaus kennst du ja inzwischen so gut, als wärst du selbst dabei gewesen."

Er lachte und sagte: „Na ja, also in der kurzen Zeit, die du bis jetzt auf dem Camino warst, hast du schon so einiges erlebt!" Lothar ging zurück ins Don Alvaro, er will noch nach seinem Fahrrad sehen, damit morgen alles gut funktioniert. Für den Transport im Flugzeug musste er sich für einige Teile Spezialkonstruktionen anfertigen lassen, sonst hätte die Air Berlin das Rad im Flugzeug nicht mitgenommen.

Ich habe mich gerade in der Toilette im Spiegel angesehen und meine zu langen Haare begutachtet, denen täte ein neuer Schnitt gut. Nicht weit weg von dem Restaurant befindet sich ein alter Friseursalon mit einem noch älteren Friseur. Die Einrichtung ist aus den 70er Jahren des letzten Jahrhunderts und sieht auch dementsprechend aus. Vor einem vergilbten Spiegel kämmte sich der Friseur, der „Peluquero", gerade sein schütteres

Haar, als ich eintrete. Soll ich mir hier den Haarschnitt verpassen lassen? Nötig wäre es ja! – Der Schnitt ist einwandfrei, ich sehe um Jahre (ein bisschen übertrieben) jünger aus, und das für ganze 7,- Euro. Am Abend kommen wir wieder im Kaminzimmer unserer Herberge „Don Alvaro" zusammen. Lauter neue Gesichter sind heute anwesend, die Stimmung ist toll. Getrunken wird viel, gesungen wenig, aber nur weil heute kein Gitarrenspieler da ist. Meine Ferse ist in der kurzen Zeit natürlich noch nicht verheilt, aber ich glaube, morgen kann´s weitergehen. Der Camino ruft! Ich schlafe gut und sitze morgens um halb sieben mit Lothar beim Frühstück. Kaffee, Spiegeleier mit Speck und Joghurt zum Nachtisch. Wahrscheinlich das letzte ordentliche Frühstück, weil es ja unterwegs nichts anderes als das obligatorische Pilgerfrühstück, Milchkaffee und Croissant, gibt. Beides hängt mir jetzt schon zum Hals raus! Dann belaste ich ein paar mal meinen rechten Fuß, natürlich schmerzt er noch, aber es ist zum Aushalten. Wir haben beide unsere Siebensachen schon gepackt und freuen uns auf den Weg, Lothar mit dem Fahrrad und ich zu Fuß. Wir verabschieden uns noch von der freundlichen Herbergswirtin, die uns hier für die kurze Zeit ein schönes Zuhause gegeben hat. Draußen scheint die Sonne, Lothar fährt zum Radweg in Richtung Stadtmitte runter, und ich, ich gehe langsam die Straße hoch meinem Ziel, der nächsten Herberge, entgegen. „Meinst du, wir sehen uns noch mal wieder?", habe ich Lothar beim Abschied gefragt! In „Portomarín" haben wir jedenfalls einen Treffpunkt ausgemacht.

Ein Stück hinter Sarria geht das Sträßchen abwärts zur „Ponte de Aspera", einer alten Steinbrücke, die den „Rió Celeiro", einen kleinen Bach, überquert. Kurz danach führt der Camino durch einen dichten Eichenwald stetig und steil hoch. Der Weg ist kräftezehrend, und mein schwerer Rucksack drückt mich heftig. Nach den zwei Ruhetagen bin ich das Gewicht nicht mehr gewohnt. Gut dass ich Wanderstöcke habe, mit denen ich ein wenig die Last auf meinem Rücken abfedern kann. Sonst bin ich ja ein Gegner von Stöcken, die inzwischen schon von Spaziergängern bei jeder passenden oder unpassenden Gelegenheit benutzt werden. Aber hier am Camino haben sie mir wertvolle Dienste geleistet und das Klack, Klack, Klack, Klack war für mich manchmal wie Musik.

Oben auf der Ebene geht der Camino über Feldwege und Sträßchen weiter nach Barbadelo, richtiger „Santiago de Barbadelo", staunend stehe ich dann dort im Ortsteil „San Silvestre" vor der kleinen, leider verschlossenen Kirche. Dieses einfache alte romanische Kirchlein, „Parroquial de Santiago", früher Teil eines Klosters, ist für mich ein schönes Beispiel galizischer Romanik. Der einschiffige Bau hat einen angebauten quadratischen Turm. Das vorgebaute Hauptportal stützt sich auf vier Säulen und ist mit tierischen und menschlichen Motiven verziert, habe ich dann in meinem Reiseführer nachgelesen. Nach gut eineinhalb Stunden sehe ich vor mir einen Pilger, den ich vom Aussehen her kenne. Es ist „Kuddel", der Hamburger, den mir Lothar gestern vorgestellt hat. Wir begrüßen uns und laufen dann zusammen weiter. Er fragt mich: „Wie geht es deiner Ferse?" „Gut, den Umständen entsprechend", antworte ich.

Kuddel ist kleiner als ich, ca. 1,75 m. Er hat aschblondes Haar und graue Augen, die unter dichten Brauen liegen. Auf dem Kopf trägt er einen Strohhut mit vielen Ansteckern. Zum Gehen benützt er einen langen,

oben abgeknickten Stock, den er auch oft nur hinter sich herzieht. Beides, Hut und Stock, hütet er wie seinen Augapfel. Er ist Jahrgang 1933 und war 40 Jahre lang bei der Hamburger Berufsfeuerwehr. Später in leitender Stellung. Gelernt hat er einen inzwischen ausgestorbenen Beruf, und zwar den eines Baumeisters. Zimmerer, Bauschreiner und Maurer wurden dabei in einem Berufsbild zusammengefasst. Da es diesen Beruf auch schon damals nicht mehr gab, wurde er gleich nach seiner Meisterprüfung arbeitslos. Für Kuddel kein

Problem. Durch einen Freund bekam er bei einer Gruppe von Geologen, die in Afrika nach Erdöl bohrten, einen Job als Mädchen für alles. Jedoch auch nur vorübergehend, denn zwischen Oktober 1952 und 1957 wütete in Kenia der sogenannte Mau-Mau-Aufstand. Ein Aufstand, bei dem es um die Benachteiligung farbiger einheimischer Bauern vom Stamm der Kikuju gegenüber weißen britischen Siedlern ging. Über 7800 Mau-Mau-Kämpfer haben dabei ihr Leben gelassen. Natürlich waren Kuddel und seine Geologen-Kollegen bei diesen Kämpfen im Weg und mussten das Land verlassen. Kurze Zeit war er dann als Kumpel im Ruhrpott und später im Hamburger Hafen beschäftigt, bevor er endgültig bei der Feuerwehr anheuerte.

Heute ist ein richtig angenehmer, warmer Tag, und wir bewundern immer wieder die schöne Landschaft mit den kleinen malerischen Dörfern. Hinter Peruscallo laufen wir auf großen Steinquadern an einem Bach entlang, danach müssen wir sogar einen kleinen Umweg machen, weil eine Quelle den Weg unter Wasser gesetzt hat.

Die Vegetation wechselt hier zwischen feucht und trocken ab. Nur wenige Kilometer weiter kommen wir dann auch an einer typischen Heidelandschaft vorbei. Kurz hinter A-Brea, ebenfalls einem dieser kleinen Weiler, steht ein Kilometerstein mit der Markierung 100 km. Noch einhundert Kilometer bis Santiago, das Ziel kommt näher!

Irgendwann danach sagt Kuddel zu mir: „Du Jörg, mit deiner Fußverletzung ist es vielleicht besser, wenn du es langsam angehen lässt, 12 bis 15 Kilometer am Tag sollten vorerst genügen." Ich stimme gerne zu, denn nach meiner kleinen OP reicht es mir auch für den ersten Tag.

Am frühen Nachmittag laufen wir mal wieder auf einem Trampelpfad, auf Spanisch einem „Corredoira". Über solche Art Feldwege wandern wir derzeit öfter. Unser Weg verläuft jetzt dauernd abwärts, nach einer Kurve gehen wir geradeaus weiter und dann auf einem steinigen Weg durch ein nasses Bachtal. Ab hier, noch den Gegenhang hoch marschierend, erreichen wir kurz darauf den Weiler „Ferreiros", auf galicisch: Schmiede. Hier ist das erste Haus, das wir zu sehen bekommen, ein Restaurant, das „Casa Cruceiros".

Es ist schon weit über die Mittagszeit und wir haben Hunger. Das Essen auf den Tellern der anderen Pilger, die sich schon vor uns hier eingefunden haben, duftet verführerisch. Die feine Linsensuppe, eine „Lentejas estofadas", die ich bei der jungen Bedienung bestellt habe, ist dann auch so ganz nach meinem Geschmack.

Bei uns am Tisch sitzt ein Pilger, mit dem wir auch gleich ins Gespräch kommen. Paul ist aus Berlin, das heißt ursprünglich aus Brandenburg. Er ist bei Pamplona in den Camino eingestiegen und auch schon eine Weile unterwegs.

Ungefähr 100 m unterhalb des Restaurants befindet sich die öffentliche Herberge, „Albergue de Ferreiros". Wenn wir hierbleiben wollen, müssen wir uns jetzt dort noch um ein Bett kümmern. Wir belegen jeder eine untere Matratze in den Doppelstockbetten. Toll, für die 4,– Euro Übernachtungsgeld in der Herberge bekommen wir auch noch Wegwerf-Vliesüberzüge für Matratze und Kissen. Dadurch wird wenigstens das Schlafen hygienischer. Inzwischen herrscht hier ein reges Kommen und Gehen, viele Pilger suchen noch schnell eine Unterkunft für die Nacht. Diese Situation habe ich auch später in anderen Unterkünften erlebt und war dann immer froh, wenn dann dort noch eine Lagerstatt frei war.

Nach dem Bettbeziehen gehen wir wieder zurück in das Casa Cruceiros. Viele Plätze an den großen Tischen in der Sonne sind inzwischen belegt. Auch unsere alte Bank am Rande der Straße ist besetzt, und so setzen wir uns auf einen Platz in der Mitte. Hein und ich bestellen ein Bier, Paul eine Cola. An dem Tisch, vorne zur Straße, sitzen jetzt 5 Personen, 4 Frauen und ein Mann. Alle können ein wenig Englisch, und so erfahren wir nach ein paar kurzen Worten, dass es finnische Pilger sind. Noch während wir miteinander reden, treiben auf der Straße, die direkt an den Tischen vorbeiführt, einige Bauern eine größere Herde Kühe durch. Und wie es bei Kühen so üblich ist, klatsch, macht eine ihr Geschäft genau vor dem Tisch der Finnen. Natürlich mit Spritzern! Zuerst gibt es ein Riesengeschrei, und danach ein großes Gelächter. Die Finnen werden bis Santiago immer unsere Begleiter sein! Mal vor uns, oder mal nach uns. Draußen wird es langsam dunkel. Zum Abendessen habe ich „Laconada", eine Art Kassler mit Kichererbsen und

Steckrübenblättern, serviert in einer Steingutschüssel gegessen. Um 21 Uhr verschwinden wir in unsere frischüberzogenen Betten. Die Herberge ist inzwischen übervoll, und viele Pilger mussten schon weiterziehen. Ab 3 Uhr nachts rumort es in meinem Bauch. Vielleicht sind es die Linsen, oder die Steckrüben? Aber eines von beiden will raus. Also ich nichts wie raus aus dem Schlafsack und ab in Richtung Toilette. Und als wäre mir so etwas nicht schon einmal passiert, es ist kein Papier da, und meines, meines liegt wohlverwahrt im Rucksack! Doch diesmal überfällt mich keine Panik, nebenan in der Küche liegt ein Pack Servietten, fällt mir ein. Auch gut, ich bin mal wieder gerettet.

Am nächsten Morgen, bei leichtem Frühnebel, laufen wir zu dritt weiter. Paul, unser neuer Wanderkollege, ist anfangs sehr schweigsam. Als jedoch die Rede aufs Wandern kommt, da taut er auf. Er erzählt uns von seinen schönen Touren über den Thüringer Rennsteig und von größeren Wanderungen in den rumänischen Karpaten. Dort hatten er und seine Frau, nachdem sie einmal sehr früh unterwegs waren, sogar Bärenspuren gefunden. Sport ist seine zweite große Leidenschaft, und da er viele Sportler aus fast allen Disziplinen kennt, ist er dann beim Erzählen fast nicht mehr zu bremsen! Ich erzähle von meiner Westweg-Wanderung und den Folgen daraus. Und Hein? Hein übertrumpft uns beide, er ist in den späten 70er Jahren von Sydney nach Perth in Australien getrampt. Bei dieser Tour hat er so einiges erlebt und wir hören ihm begeistert zu.

Die Zeit vergeht wie im Fluge, und bald erreichen wir die paar Häuser von „Vilacha". Von hier aus können wir schon „Portomarín" auf der anderen Talseite des Rió Mino sehen. Doch erst müssen wir den langen und steilen Abstieg zum Fluss hinunter, um anschließend die Brücke über den „Embalse de Belasar", den Stausee von Portomarín, zu überqueren. Nach der Brücke führt eine eingefasste steile Treppe hoch bis zu einem Tor. Danach links abbiegend, erreichen wir gegen 13 Uhr 30 unser heutiges Tagesziel, die Herberge „Albergue O Mirador". Wir haben Glück und können in einem Zimmer mit einer abschließbaren Tür zwei der unteren Matratzen in den Doppelstockbetten beziehen. Die übrigen Schlafräume sind hier nur durch einen Vorhang vom Gang getrennt. Ich schlafe diesmal in einem der oberen Betten. Der Aufstieg ist ziemlich abenteuerlich, da die Leiter nur angelehnt ist, hoffentlich muss ich nachts nicht raus. Nachdem wir uns geduscht und zurechtgemacht haben, gehen Kuddel und ich in die Stadt. Paul bleibt auf dem Bett liegen, ihm geht es nicht so gut, er hat Probleme mit einem Fuß, vielleicht ist es Gicht!

Das Städtchen liegt an einem Hang. Wir lassen uns in einer gemütlichen Taberna zu einem Glas Wein nieder und lesen in unserem Pilgerführer: „Das heutige Portomarín ist eine Neubausiedlung aus den 60er-Jahren des 20. Jh. Damals wurde der Rió Mino für einen See aufgestaut. Die alte Stadt, einst einer der blühendsten und reichsten Orte Galiciens, verschwand seinerzeit im Wasser. Lediglich die Kirchen San Nicolas, San Pedro und einige andere Gebäude wurden Stein für Stein abgetragen und im neuen Ort wieder aufgebaut." Wir haben Lust bekommen, uns die „Iglesia de San Nicolas", die alte Wehrkirche vom Ende des 12. Jh., anzusehen und suchen sie auf. Sie ist düster, festungsähnlich und riecht muffig.

Nach der Besichtigung holen wir uns noch einen Stempel in unser „Credencial". Die Kleinstadt ist hübsch und wirkt aufgeräumt, vielleicht auch deswegen, weil sie ja relativ neu ist. Wir schlendern über einen schönen Park am Ufer des Stausees und gehen dann in einen Supermarkt zum Einkaufen. Für Paul müssen wir in einer Apotheke ein Einreibemittel für sein schmerzendes Bein kaufen. Inzwischen haben wir Hunger bekommen und gehen zurück in unsere Herberge. Sie wird im Wanderführer als gutes Speise-Restaurant beschrieben. Im Mirador treffen wir Paul an der Theke, es geht ihm anscheinend ein wenig besser.

Gerade stürmt eine lärmende Gruppe spanischer Pilger in das Lokal, einer hat ein verbundenes Bein und humpelt stark. Er schimpft lauthals mit einem Kollegen, der durch das Lokal tänzelt und seine überlangen zottelige grauen Haare hin und her wirft. Vielleicht ist es der Anführer der Gruppe, der allen zeigen will, wie fit er noch ist. Das ganze Gezänke dauert vielleicht eine viertel Stunde, dann verschwinden sie, immer noch schimpfend, in den Schlafräumen. Unser Essen war gut und reichlich! Im Fernsehen, das in jedem spanischen Lokal vorhanden ist und Tag und Nacht plärrt, kommt eine Show. Wir sehen ein Weilchen zu und gehen dann in unseren Schlaf-

raum. Zwei der oberen Betten sind von einem Vater mit Tochter belegt. Die Tochter lebt in Amerika, sie hat 4 Kinder, auf die ihr Mann momentan aufpasst. Die Pilgertour wurde ihr von ihrem Vater zum Geburtstag geschenkt. Kuddel ist erfreut, hier jemand aus den Vereinigten Staaten anzutreffen, und erzählt ihr und uns gleich von seiner Tour auf einer Harley quer durch Amerika. Er ist ganz in seinem Element und beschreibt auch noch verschiedene Menschen und Landschaften. Dann schimpfen beide über die jetzige amerikanische Regierung, George Bush und den Irak-Krieg. Auch wir anderen stimmen ihnen in vielem zu. Ich fragte mich dann nur, warum die Frau eigentlich noch in diesem Lande lebt?

Müde vom vielen Reden drehen wir bald das Licht aus. Kurz vor dem Einschlafen fällt mir ein, dass ich mich ja hier in Portomarín mit Lothar treffen wollte. Schade!

Wir schlafen gut, und von dem Lärm im Gang haben wir nur etwas bemerkt, wenn einer von uns nachts rausmusste. Morgens, um kurz nach sieben, stehen wir an der Bar im Mirador beim typischen Pilgerfrühstück. Kurz danach überqueren wir den „Rió Mino" wieder, nur in umgekehrter Richtung wie gestern.

Ab hier steigt der Weg, durch Wälder und Felder, laufend an. Wir kommen durch einige kleine Dörfer, gehen auf Asphaltstraßen, auf Fußpfaden oder grob geschotterten Wegen. Mal rauf, mal runter.

Ich bin auf eine Art froh, dass ich schon kurz vor meiner Pilgerreise das Rauchen aufgesteckt habe. Ich merke es daran, dass mir beim Bergaufwandern nicht immer gleich die Luft ausgeht. Eigentlich tut es mir ja leid, denn ich war so ein richtiger Genussraucher. Am Schluss hatte ich mich auf sieben Zigaretten pro Tag eingeschränkt. Die erste nach dem Mittagessen, dann eine zum Kaffee, den Rest über den Abend verteilt. Was ich einmal mit meinen über 20 Tabakpfeifen mache, weiß ich auch noch nicht, denn an den langen, dunklen Winterabenden habe ich immer gerne eine Pfeife geraucht!

Bei „Gonzar", einem winzigen Dörfchen mit einem noch winzigeren Kirchlein, müssen wir die stark befahrene C 535, eine Hauptstraße, immer wieder überqueren. Die Autos brausen hier so schnell heran, dass ein Hinüberlaufen fast lebensgefährlich ist. Anschließend, nach einem langen Anstieg, erreichen wir unser heutiges Ziel, „Hospital da Cruz", ein kleines Dorf. Hier gibt es eine kleine Pilgerherberge. Neben der Herberge liegt das Restaurante „Labrador". Wir haben Durst, und das Lokal liegt ideal. Die Bedienung, eigentlich wäre sie ja hübsch, ist mürrisch, hat ein rotes

Kopftuch auf und ein weißes T-Shirt an, das sich über einen Riesenbusen spannt. Wir bestellen zwei große Bier und eine Cola. Aus der einen Runde werden mehrere. So gegen halb zwei bekommen wir alle Hunger, denn außer dem Pilgerfrühstück haben wir ja nichts Ordentliches im Magen, nur eben ein paar Bier. Ich bestelle einen „Ensalada Mixta", einen gemischten Salat, der enorm groß ist und sehr gut schmeckt.

Nachdem wir erfahren haben, dass es im „Labrador" auch Zimmer gibt, beschließen wir hierzubleiben. Das Drei-Bett-Zimmer mit dem großen Bad ist sehr geräumig und kostet 60,– Euro. Die Herberge nebenan hätte uns drei nur 15,– Euro gekostet. Da jedoch keiner von uns schnarcht, ist uns eine ruhige Nacht den Mehrpreis wert. Nach dem Duschen steht Wäschewaschen auf dem Programm, und dank des starken Windes ist alles dann nachher auch schnell trocken.

Um 20 Uhr sitzen wir drei, Paul, Kuddel und ich, wieder beim Abendessen im Restaurant. Ein mürrischer Wirt und die ebenso mürrische Bedienung tragen das Essen auf. Als Vorspeise gibt es „Sopa de fideos con carne", eine gute Nudelsuppe aus einer Terrine mit viel Fleischeinlage, und sogar zum Nachschöpfen. Als zweiten Gang esse ich „Carne asada ternera con guarnición", Kalbsbraten mit Beilage. Alles schmeckt vorzüglich. Ich habe meinen Wanderführer mit an den Tisch genommen, und wir suchen uns die besten Herbergen für die nächsten Tage raus. Heute geht´s früh ins Bett, damit wir am nächsten Morgen beizeiten weiterkommen.

Um 6 Uhr wachen wir auf, der Himmel ist grau und es nieselt leicht. Als wir um 7 Uhr frühstücken wollen, ist das Lokal noch geschlossen. In diesem Fall ist auch mein Wanderführer weg, er lag auf dem Tisch, weil wir heute Morgen noch einmal reinschauen und den genauen Tourenverlauf bestimmen wollten. Gut, dass Kuddel und Paul auch noch einen Pilgerführer haben. Wir laufen los, der leichte Regen stört kaum. Nach etwa 40 Minuten kommen wir an eine Bar, sie hat geöffnet. Viele Rucksäcke stehen schon davor, unsere kommen dazu. Der Wirt grinst, als wir von ihm unser „Credencial" abstempeln lassen und dann „un Café grande con Leche y un Croissant", das obligatorische Pilgerfrühstück, bestellen.

Der Quereinsteiger zum Ende der Welt - 5
Hospital da Cruz, Palas de Rei, Melide, Arzúa – Bergauf, bergab

Es ist Sonntag, der 8. Juni. Wir laufen seit Hospital da Cruz durch eine nebelverhangene Gegend, es regnet leicht. Wenn dann und wann mal zwischendurch der Nebel aufreißt und die Sonne rauskommt, sehen wir rechts der Straße eine atemberaubend schöne Landschaft. Grüne Täler und Höhen, die bis zum Horizont reichen und dort in blaue Berge übergehen.

Bis Lestedo hält diese Mischung aus Regen und Sonne an, dann setzt starker Regen ein, und wir müssen in der einzigen Bar des Ortes Schutz suchen. Einige andere Pilger haben hier ebenfalls Unterschlupf gefunden, so dass es richtig gemütlich wird. Nach einer Stunde wollen wir weiter. Nachdem es immer noch leicht regnet, machen wir unsere Plastik-Regenüberzüge an den Rucksäcken fest. Draußen vor der Bar tropft die Nässe von den Bäumen, die Luft riecht wie „Meeresbrise-Raumspray".

In den letzten Tagen ist uns aufgefallen, dass seit Cacabelos die Anzahl der Pilger sehr zugenommen hat. Wir haben auch gesehen, wie aus einem Kleinbus sogenannte Sonntagspilger auf dem Weg abgesetzt wurden. Mit einer Wasserflasche und einem Vesper im kleinen Tagesrucksack zogen sie später munter ratschend an uns müden, den drückenden Rucksack schleppenden Pilgern vorbei. Aber damals schien die Sonne! Momentan bei Regen sehen wir keinen von ihnen. Wir nennen sie „Edelpilger", ich glaube, die Spanier nennen sie „Sombrerinos". Ich selber habe diese Art des Pilgerns zum ersten Mal in „Vega de Valcarce" kennengelernt, und zwar nur dadurch, dass mir Pilgerkollegen zum Fenster hinaus eine ältere Frau gezeigt haben, welche hintereinander sieben große Rucksäcke aus ihrem Wagen in den unteren Schlafsaal gebracht hat und dann damit sieben Schlafstätten belegte.

Nach einiger Zeit kommen wir an einem Steinkreuz, einem „Cruceiro" vorbei, das sich in einer kleinen Parkanlage mit Sitzbänken befindet. Im Hintergrund steht in einem Friedhof eine neuerbaute Kirche mit einem alten Glockenturm.

Seit wir in Galicien sind, begegnen wir immer wieder diesen alten, etwa 3 bis 4 m hohen Steinkreuzen, sie stehen oft an exponierter Stelle entlang des Pilgerweges. Ab und zu sind auch Hinweistafeln in spanischer

Sprache in der Nähe angebracht. So wie es bei uns zuhause „Madonnen- und Christus-Statuen" entlang der Wege gibt, so sind es hier diese großen, meist sehr schlichten, hier und da mit Heiligen, einer Madonna oder einem Jesus verzierten Steinkreuze. Kurz darauf stehen wir vor einem überdachten Waschhaus. Das Wasser ist sehr kalt, es fließt direkt aus einer Quelle durch ein Rohr in ein großes Becken. Ich wüsste gerne, wie es früher an diesem Waschplatz zugegangen ist? Was waren das für Frauen, die in dem Becken ihr Bunt- und Weißzeug gewaschen haben? Wurde hier beim Arbeiten getratscht, gelacht, gestritten, oder vielleicht sogar gesungen?

Wir kommen an einigen Bauernhäusern vorbei, neben jedem dieser Häuser stehen ältere Maisspeicher, sogenannte „Horreos", die heute oft nur noch als Rumpelkammern in Gebrauch sind. Es sind rechteckige Kisten auf einer Plattform, die auf Stelzen oder einem Sockel stehen. Sie sind luftdurchlässig gebaut, damit bei dem hiesigen feuchten Klima Mais gelagert werden konnte, ohne zu schimmeln. Während die Horreos in Kastilien-León noch überwiegend aus Holz waren, sind sie hier in Galicien fast ausschließlich aus behauenem Granit. Oft sehr kunstvoll gearbeitet und mit Kreuzen oder anderen Emblemen verziert.

Uns ist bei vielen Bauernhöfen, welche wir gesehen haben, aufgefallen, dass hier überwiegend Milchwirtschaft betrieben wird, und zwar öfters mit schwarzbunten Kühen. Holstein lässt grüßen! Die Äcker sind durch Erbteilung überwiegend in sehr kleine Parzellen zergliedert, sodass sie sich dadurch für eine sinnvolle Bewirtschaftung nicht eignen.

Auch heute kommen wir gut voran, unsere Gespräche beim Wandern drehen sich hauptsächlich um Themen wie Familie und Herkunft. Paul spricht nicht viel, er ist in der ehemaligen DDR in Bad Düben im südlichen Brandenburg aufgewachsen und hat auch dort geheiratet, leider ist die Ehe ohne Kinder geblieben. Auch nach der Wende hat er seine gute

Stellung bei einem Luftfahrtunternehmen behalten. Über seine Berufung zum Pilger sagt er wenig. Vielleicht hat er einfach keine Lust, darüber zu reden! Kuddel dagegen hatte einen bewegenden Grund, warum er auf der Pilgerreise ist. Eine Schwester seiner Frau war schwer erkrankt. Kurz vor ihrem Tod bat sie ihn: Wenn er irgendwann in seinem Leben auf dem Camino Francés nach Santiago de Compostela pilgern sollte, muss er ihre Halskette auf dem „Cruz de Ferro" niederlegen. Und das hat er getan!

Meine Gründe waren eigentlich mehr banaler Art. Ursprünglich wollte ich auf dem Camino ja nur meinen Freund Rolf treffen und ein wenig über das Leben nachdenken. Denn so sportlich bin ich ja auch wieder nicht, um einfach aus Jux und Tollerei diese lange Wanderung zu machen. Aber inzwischen haben sich auch meine Ansichten über das Pilgern im Allgemeinen sehr geändert.

Vor einem Restaurant, kurz nach dem Ort Brea, machen wir Halt. Die Sonne brennt vom Himmel, wir schwitzen und sind durstig. Drinnen wird gerade ein Tisch frei, und wir bestellen zwei große Bier für Kuddel und mich, und ne Cola für Paul, die beiden essen jeder noch ein Sandwich, bevor wir weiterziehen.

Gegen 15 Uhr haben wir die moderne, neuerbaute staatliche Pilgerherberge „Pavillon Lugar de Chacotes" am Ortseingang von „Palas de Rei" erreicht. Wir betreten einen großen, lichtdurchfluteten Saal, in dem 60 Doppelstockbetten stehen. Es ist also Platz für 120 Personen hier drin, das wird eine Rennerei zur Toilette und den Duschen geben. Alles ist ein wenig eng zusammengestellt, doch wir haben Glück und bekommen drei untere Betten. Schnell duschen wir uns noch, bevor der große Ansturm kommt. Paul bleibt in der Herberge, Kuddel und ich gehen annähernd einen Kilometer die alte Straße runter in die Stadt.

Gleich am Anfang, ein wenig abseits, steht links eine Kirche. Sie ist der „Madre del Perpetuo Socorro", der Schutzheiligen von Palas de Rei, gewidmet. Der Priester, ein älterer Herr, begrüßt uns beide überschwanglich, fast wie alte Bekannte, und zeigt uns dann seine Kirche. Zum Schluss schenkt er mir noch ein Bild der heiligen Madre. Warum gerade mir, dem Protestanten?

Palas de Rei, die Stadt selber ist langweilig. Der Name bedeutet Palast des Königs, doch nirgendwo ist auch nur der Schimmer eines Palastes oder eines älteren Gebäudes zu finden.

Wir trinken in einem netten Lokal ein paar Bier, plaudern einige Zeit mit zwei bayerischen Pilgerinnen über Essen und Trinken hier im Land.

Sie erzählen uns von einer Köstlichkeit, die man ihnen am gestrigen Abend in einem Restaurant zum Nachtisch vorgesetzt hat. Es war ein weicher heller A-Ulloa-Käse, den sie zusammen mit dunklem Honig gegessen haben. Beim Erzählen wurden ihre Augen ganz wässrig.

Wir verabschieden uns und laufen zurück, auch wir haben Hunger bekommen. Rund 300 Meter vor unserer Herberge steht ein großes niederes Gebäude. Das „La Cabana" ist ein Hotel, es sieht sehr gepflegt und teuer aus. In der modernen Cafeteria trinken wir noch einen Capuccino, weil der Speisesaal erst um 19 Uhr aufmacht. Pünktlich werden wir in den Speiseraum gebeten, eine Bedienung steht schon da, und so können wir sehr schnell unser Essen bestellen. Mein erster Gang besteht aus einer „Recao de Binefar", einer kräftigen weißen Bohnensuppe. Als Nächstes bekomme ich „Bacalao pil-pil", Fisch in Fett gebacken mit Knoblauch und Petersilie, der Fisch ist nur leider zu lange in der Pfanne gelegen und dadurch vollständig ausgetrocknet. Dazu trinken wir eine Flasche Rosé-Wein. Zum Nachtisch bestelle ich Eis. Trotz der gehobenen Klasse des Hotels bezahlt jeder von uns nur 9,– Euro.

Die 120 Betten in unserer Herberge sind inzwischen alle belegt. Auch hier haben wir wieder diese Wegwerf-Vliesüberzüge für Matratze und Kissen bekommen und können uns beruhigt hinlegen.

In der Nacht glaube ich ersticken zu müssen, da alle Türen und Fenster geschlossen sind, und das bei einem voll belegten Saal. Der Mief liegt wie eine Glocke über den Betten und das Schwitzwasser läuft in ganzen Bächen an den Fenstern herunter! Pünktlich setzt dann auch wieder das obligatorische Schnarchkonzert ein, sodass wir das Gefühl haben, ganze Sägewerke sind am Arbeiten.

Wir machen uns schon sehr früh am Morgen auf den Weg, denn die Schnarcher im Refugio haben unsere Flucht verursacht. In der Stadt läuten überall Kirchenglocken, als wir vorbeikommen, allerdings vermutlich nicht zu unserem Abschied. Doch selbst der steinerne Pilger auf seinem Sockel scheint uns noch nachzuwinken, als wir den Ort verlassen.

Es weht ein starker Wind, und Kuddel muss ein paarmal seinen Hut festhalten. Ich habe mir ein zusammengerolltes Tuch um den Kopf gebunden. Im ersten kleinen Dorf, durch das wir kommen, zeigt uns ein Denkmal mit zwei Pilgern den Weg nach Santiago. Kurz darauf müssen wir auf Trittsteinen über Morast laufen. In „San Xulián", dem nächsten Dorf, steht ein steinernes Horreo, daneben ein schönes Cruceiro, ein Steinkreuz. Unter dem Kreuz sitzen zwei schläfrige Hunde, die uns

anblinzeln. Unser Glück? Denn wir haben immer noch keinen der wilden Hunde gesehen, von denen auf dem Camino überall geredet wird. Im kleinen Weiler O Coto halten wir vor der Café-Bar: „Die zwei Deutschen" – „Los dos Alemanes". Es sind Geschwister, aufgewachsen in Geislingen an der Steige in Württemberg, betreiben sie hier ein gutgehendes Restaurant. Wir nutzen die Gelegenheit und nehmen unser obligatorisches Pilgerfrühstück zu uns. Einen großen Milchkaffee und dazu ein Hörnchen. Am Nebentisch sitzen unsere fünf Finnen, die wenige Minuten nach uns hier eingetroffen sind. Wir wechseln ein paar Worte mit ihnen über die Qualität der verschiedenen Herbergen und das Essen.

Nach einiger Zeit machen wir uns zusammen auf den Weg. Bald kommen wir durch eine trockene Heidelandschaft, die mich an das Hochmoor auf der Hornisgrinde erinnert. Nur eine halbe Stunde später laufen wir entlang eines Baches über im Wasser liegende Steinplatten. Die Gegend hier mit diesem schönen Mischwald ist grün und parkähnlich. Welch eine Vielfalt der Natur! In Leboreiro finden wir eine kleine spätromanische Dorfkirche und mitten auf der Straße ein Cruceiro, bevor der Weg am Ortsende über eine alte Brücke weitergeht. Wir befinden uns hier in der Region von A Ulloa im Herzen von Galicien, mit sanften Hügellandschaften und vielen Flüssen. Inzwischen knallt die Sonne vom Himmel, und an uns rennt der Schweiß in Rinnsalen herunter. Ach war es doch an dem Bach schön kühl. Lethargisch marschieren wir an verschiedenen Gebäuden eines Industrieparks entlang und glauben schon, dass wir den Stadtrand von Melide erreicht haben.

Plötzlich macht unser Weg jedoch einen Bogen nach links, um uns dann nach einiger Zeit über eine schöne alte Brücke in ein kleines Dorf zu führen. Gleich hinter der Brücke, die zu dem Dorf „Furelos" gehört, kommen wir an die Kirche „San Juan de Furelos" und treten ein. Wir werden freundlich von einem älteren Priester begrüßt, der uns in einen kleinen Raum führt, dort müssen wir uns zuerst in sein Buch eintragen. Dann zeigt er uns ein außergewöhnliches Kruzifix. Bei dieser Darstellung reicht Jesus einem „imaginären" Pilger vom Kreuz runter die rechte Hand, um ihm in den Himmel zu helfen, oder zeigt er einfach nur zu Boden? Jede Deutung ist hier möglich.

Wir spenden ein paar Münzen in die Kasse und bekommen jeder ein Bildchen dieser Kreuzigungsszene. Beim Abschied winkt uns der Priester nach. Nur 40 Minuten später stehen wir in der Stadtmitte von Melide, davor haben wir uns noch die „Capilla de San Roque" mit dem berühmten „Cruceiro" aus dem 14. Jh. angesehen. In unserem Wanderführer steht etwas von einem Hostal „Xaneiro", und da wollen wir hin. Nach dem tollen Schnarcherlebnis letzte Nacht hat keiner von uns mehr Lust auf

Pilgerherbergen! Um kurz nach 15 Uhr stehen wir dann in einer Seitenstraße vor dem „Xaneiro". Die Wirtin steht hinter der Theke, eine resolute Spanierin; sie spricht kein Deutsch, aber Englisch, und so können wir ihr schnell klarmachen, dass wir ein Dreibettzimmer mit allem Komfort wollen.

Wir beziehen unser Zimmer, es gibt ein Doppelbett und ein einzelnes, auf das ich total unbedacht meine Klamotten schmeiße. Auf einmal wird Freund Kuddel sauer: „Du suchst dir immer das Beste aus", faucht er mich an! Ist das vielleicht ein Anflug von Caminokoller? Mir ist mein Fehlverhalten bis jetzt nicht aufgefallen, und so versuche ich ihn zu beruhigen und biete ihm sofort mein Bett an. Aber momentan schmollt er noch. Später an der Theke bei einem Bier haben wir uns wieder versöhnt, mein Bett hat er aber nicht genommen. Paul bleibt wegen seinem Bein oben im Zimmer, und so gehen wir beide alleine in die Stadt.

Auch hier fällt uns wieder, wie schon in vielen anderen Dörfern und Städten, auf, dass neben schönen Neubauten viele verfallene und halbverfallene Häuser stehen! Für mich stören solche hässlichen Überreste einfach das Gesamtbild, und ich erzähle Kuddel, wie wir 1986 aus ähnlichen Hausruinen Schmuckstücke gemacht haben! In meiner damaligen Heimatstadt Schwenningen standen zu der Zeit auf einem Platz fünf heruntergekommene alte Bauernhäuser aus dem 17. Jh., die abgebrochen werden sollten.

Ich war Leiter vom „Arbeitskreis Heimatkunde", einer Gruppe, die es sich zur Pflicht gemacht hatte, alte Traditionen, Gebräuche, oder wie in diesem Fall alte Häuser zu retten. Eigentümer, Stadt und Gemeinderat waren dagegen. „So ä aalts Glump ghört warm abbroche" war der Tenor der Gegner. Mit Hilfe des Landesdenkmalamtes, viel Geduld und einem Preisnachlass des Eigentümers habe ich damals zusammen mit

vier Gefährten diese fünf Häuser gekauft, und jeder von uns hat seines mit viel Liebe zum historischen Detail und großem finanziellen Aufwand restauriert. Heute steht dieses ganze Ensemble unter Denkmalschutz und ist so etwas wie die gute Stube der Stadt VS-Schwenningen. Kuddel hatte interessiert zugehört und mir dann über die Hausrestaurierung einige Fragen gestellt. Dann erzählte er mir, dass er jedem seiner vier Kinder ein Haus gebaut hat. Für sich hat er das Haus seines Großvaters renoviert, wobei er gerade wieder mal am Umbauen ist.

Inzwischen sind wir vor „San Pedro", der Hauptkirche von Melide, angekommen und besichtigen innen die Reste der Wandmalereien aus dem Spätmittelalter. Die Kirche gehörte früher zum angrenzenden Kloster und Hospital des „Heiligen Kreuzes". In dem ehemaligen Kloster ist heute das „Centro de Interpretación do Camino" untergebracht. Mit viel Interesse haben wir uns dann zusammen diese schöne Ausstellung angesehen, in der man so viel Wissenswertes über „Pilgern auf dem Jakobsweg" und den Sinn des Pilgerns erfahren kann. Da die Besichtigung durstig gemacht hat, gehen wir in die nächste Bar, um ein Glas Bier zu trinken. Wir reden über alles Mögliche, vorher bei der Kirche haben wir eine dänische Pilgerin getroffen, die auf einem Anhänger ihren schon betagten Hund mitgeführt hat. Dann kam auch noch der ältere behinderte Pilger dazu, der an einer Krücke ging und einen schweren Rucksack trug, während seine junge Frau ohne ein Gepäckstück zu tragen nebenherlief. Dieses Pärchen ist uns auch schon einige Male aufgefallen. Kuddel erzählt mir noch von einem amerikanischen Pilger, dessen Frau vor der Reise gestorben ist. Der Ami hat mit ihrer Asche einige kleine Urnen gefüllt, von denen er immer eine beim Pilgern dabei hat!

Wir machen uns Sorgen um Paul. Seine Cola-Trinkerei kommt uns langsam seltsam vor, denn gesund in diesen Mengen ist Cola bestimmt nicht. Darauf haben wir ihn auch schon ab und zu hingewiesen. Wir glauben jedoch, dass er einen guten Grund hat, Alkohol so strikt abzulehnen? Ich persönlich glaube, dass die Schmerzen in seinen Füßen Gicht bedeuten, und da ist Alkohol ganz sicher kein Heilmittel, sondern eher schädlich. Später treffen wir drei uns an der Hotelbar, um die kommenden Tagesrouten zu planen, und Kuddel macht uns einen Vorschlag! Er sagt: „Heute ist Montag, der 9. Juni, mein Flieger geht erst am Donnerstag, dem 19. Juni. Bei unserem Tempo sind wir in drei, spätestens vier Tagen in Santiago, ich bin also viel zu früh dran, was mache ich mit dieser Zeit. Vielleicht können wir ja ein paar Tage zusammen in Santiago verbringen?" Paul sagt gleich zu, ich habe jedoch meine Abfahrt auf Montag, den 16. Juni, gebucht, daher kann ich nicht so lange bleiben. Es sei denn, ich könnte umbuchen. Doch diese Entscheidung überlasse ich einfach mal dem Schicksal.

So gegen halb acht sitzen wir im Speisesaal beim Essen. Ich bestelle wieder „Cordero asado", gebratenes Lammfleisch mit Soße und Kartoffeln. Lamm wird in Spanien meistens sehr schmackhaft zubereitet. Meine Vorspeise bestand aus „Judías verde a la Gallega", einer Art grünem Bohnengemüse. Zum Trinken haben wir einen „Tempranillo", einen trockenen Rotwein bestellt. Als wir zurück in die Bar kommen, wird gerade das Fußballspiel Niederlande – Italien übertragen. Wir sehen eine Weile zu, bevor wir uns schlafen legen. Ohne das begleitende Schnarchkonzert schläft es sich garantiert besser.

Am nächsten Morgen brechen wir nach Arzúa, einer Kleinstadt auf, jedoch nicht, ohne zuvor an der Hotelbar unser obligatorisches Pilgerfrühstück einzunehmen. Der Weg geht ab hier bergauf und bergab. Inzwischen kommen wir immer wieder durch duftende Eukalyptuswälder, es riecht würzig und die Wege sind mit den abgestorbenen Blättern bedeckt. In Boente machen wir kurz in einer Bar in der Nähe der kleinen Jakobskirche Halt. Sodann geht es erst einmal runter ins Tal des Río Boente und auf der anderen Seite wieder hinauf. Ab hier kommen immer wieder Steigungen und Gefälle. Die Herberge von „Ribadiso de Baixo" ist unsere nächste Anlaufstelle, nachdem wir den Fluss Iso über eine mittelalterliche Brücke überquert haben. Die alte Herberge, toll renoviert und idyllisch direkt am Fluss gelegen, ist sogar mit einer Treppe als Zugang zum Wasser für Angler oder Schwimmer ausgestattet. Hier treffe ich das kanadische Paar wieder, welches in der Herberge von O Cebreiro so fix und fertig war, dass es sogar in seinen Klamotten geschlafen hatte, es will hier übernachten. Wir unterhalten uns kurz, unser Ziel ist jedoch die Albergue „Don Quijote" am Ortseingang von Arzúa, wohin wir dann weiterlaufen. Der Weg nach Arzúa steigt jetzt dauernd an, es ist warm und die Rucksäcke drücken. Unterwegs überholt uns eine Vierergruppe deutscher Pilger, drei Frauen und

ein Mann mittleren Alters, die munter redend und lachend an uns vorüberziehen. Edelpilger? Sie haben nur kleine Rucksäcke dabei, ein wenig neidisch sage ich: „So leicht hätte ich es auch gerne!" Darauf dreht sich der Mann um, mustert uns kurz und sagt: „Kommen Sie erst mal in mein Alter!" Ich zeige rechts auf meinen Freund Kuddel und sage: „Er ist 75 Jahre alt, ich bin 71, und wie alt sind Sie?" Der Mann dreht sich wortlos um und läuft schnell den Frauen hinterher. Etwa 40 Minuten später stehen wir vor dem „Don Quijote", die Albergue ist in einem Neubau untergebracht. Nachdem wir die Schlafsäle inspiziert haben, fällt uns an der Hauswand ein großes Schild „Pension Rúa" auf. An der Rezeption im ersten Stock fragen wir nach einem Drei-Bett-Zimmer und werden fündig. Wir bekommen ein geräumiges Zimmer, mit großem Bad und nach hinten zum Hof gelegen. Nach dem Duschen packen wir all unsere Schmutzwäsche zusammen und gehen runter in die Waschküche. Dort stehen zwei Waschmaschinen und zwei Trockner, hier sind wir dann auch für die nächsten zwei Stunden mit einem Glas Wein in der Hand zu finden. Unten im Haus ist die Bar „Chacala", in der wir uns anschließend treffen. Am Tresen sitzend, trinken wir einen Kaffee, bevor Kuddel und ich uns in die Stadt absetzen. Im Zentrum, links hinter einem kleinen Park, befindet sich die Jakobskirche. Wir möchten einen Stempel in unser Credencial, aber die Kirche ist geschlossen, im Pfarrhaus nebenan werden wir dann doch noch abgestempelt. Eine Straße weiter wollen wir unsere Essensvorräte ergänzen und in einem Supermarkt Lebensmittel und Obst kaufen, hoffentlich klappt das auch! Im Fernsehen werden gerade jeden Tag Berichte über den Streik der spanischen Lastwagenfahrer wegen der zu hohen Spritpreise gezeigt. Und als Folge des Streiks präsentieren die Reporter dann immer die leeren Regale in den Märkten. Hier merkt man jedoch nichts davon, in diesem Laden gibt es noch alles in Hülle und Fülle. Ich habe noch am selben Abend mit einem Freund im spanischen Gambrils telefoniert, der mir bestätigt hat, dass in ihrem Ort die Lebensmittelregale in den Supermärkten wie leergefegt sind, bei ihnen gibt es sogar Versorgungsprobleme!

Zurück im Café „Chacala" sitzt Paul an der Theke und verzehrt gerade mit viel Appetit ein Sandwich mit Käse und Wurst. Hamburger, Sandwiches und Cola, davon kann ich mich ernähren, erklärt er uns dann mit vollen Backen. So etwas wird jedoch sicher nicht mein Abendessen werden. Doch inzwischen habe ich auch noch ein ganz anderes Problem. Auf dem Weg in die Stadt und zurück habe ich immer wieder Schmerzen in der rechten Leiste bekommen; jetzt zeige ich meinen beiden Kumpels die Stelle und Kuddel sagt sofort: „Das sind die Adduktoren, ich kenne das vom Sport, es ist eine vorspringende Sehne." Das kann ja heiter werden, denke ich! Gut, dass ich Diclac-Schmerztabletten dabei habe, davon nehme ich gleich eine. Kuddel und ich gehen dann trotzdem zum Essen in ein richtiges Wirtshaus, in eine Hospedería, wo noch Mama kocht, der Papa hilft und die Tochter bedient. Es gibt eine Fischsuppe mit viel Reis und danach eine Art Schweinebraten mit Pommes, dazu eine große Karaffe mit Weißwein. Hinter der Theke steht auf einem Brett ein kegelförmiger gelber Käse, ein Tetilla, oder Brüstchen, wie er wegen seiner Form auf Deutsch heißt, ein weicher Käse, der überwiegend mit etwas Süßem zusammen gegessen wird. Ich habe ihn aber dann doch nicht probiert, denn eigentlich bin ich kein Süßer.

Gesättigt gehen wir wieder zurück in unser Hotel. Paul ist schon im Zimmer, und wir sehen uns zusammen das Fußballspiel Russland – Spanien an. Irgendwann, kurz vor Spielende, fallen mir die Augen zu.

Der Quereinsteiger zum Ende der Welt - 6

Arzúa, Arca O Pino, Santiago de Compostela – Zieleinlauf

Am nächsten Morgen, einem Mittwoch, wache ich mit Schmerzen in der Leiste auf. Und das, obwohl ich doch gestern Abend nach dem Motto: „Schmieren und Salben hilft allenthalben" mehrmals meine Leiste mit Voltaren eingekremt hatte. Meine beiden Freunde schauen besorgt, als ich die quälende Stelle noch mal einreibe und dazu noch eine Schmerztablette nehme. Doch ich denke, es wird schon gehen, ich hatte noch nie Schmerzen in der Leiste, und nach einem Hodenbruch sieht es auch nicht aus. Und so packen wir unseren Kram zusammen, bezahlen unser Zimmer und gehen zum Frühstücken runter in die Bar.

Ich freue mich, es sind nur noch 40 km nach Santiago, also wenn nichts schiefläuft bei unserem Tempo höchstens drei Übernachtungen. Ein Weilchen später sind wir schon auf dem Weg nach Arca O Pino und der dortigen Herberge oder einer Pension. Kurz vor Ende der Kleinstadt „Arzúa" laufen wir, vorbei an einer Häusergruppe, zu einer Überquerung des fast verlandeten Bächchens „Brundeso". Mir fällt wieder mal beim

Blick in die Landschaft auf, dass hier im galicischen Unterland die Gegend so gar nicht zu dem Bild passt, welches man sich sonst von dieser Gegend macht! Von der Ferne glaubt man sich auf der Baar oder im Schwarzwald zu befinden. Kräftige helle und dunkelgrüne Farben, blühender Ginster, bunte Wiesen, viele Bäche, Anhöhen, kleine Berge. Doch anders als bei uns wechseln sich hier Eichen- und Eukalyptuswälder ab. Bei so viel Schönheit der Landschaft vergesse ich fast meine Schmerzen.

Wir überqueren das Bächlein und kommen über die Örtchen Cortobe und Calzada nach Calle, einem dieser winzigen, typisch galicischen Weiler, die so charakteristisch für dieses Land sind. Wir gehen zuerst rechts an einem Brunnen vorbei und laufen dann über eine alte gepflasterte Dorfstraße vorüber an einigen Horreos. Anschließend müssen wir auf Trittsteinen ein kleines Rinnsal überqueren, um am Ortsende wieder zurück auf den Camino zu kommen. Durch eine Art Corredoira wandern wir weiter über Boavista nach Salceda, wie davor alles nur Straßen-Dörfchen. Kurz nach Salceda laufen wir auf einem Pfad neben der Nationalstraße N 547, die wir dann auch einige Male überqueren müssen. Durch den Ort Ras und einen Pinien- und Eukalyptuswald gehen wir weiter nach A-Brea. Viele dieser kleinen Nester, durch die wir heute gekommen sind, haben inzwischen nur noch um die 50 Einwohner.

Hatte ich vorher noch die Schönheit der Gegend bewundert, so habe ich inzwischen kein Auge mehr dafür. Ich sehe, dass meine beiden Freunde immer besorgter werden und mich immer wieder zum Ausruhen nötigen. Wie bin ich nur wieder in diese dumme Situation reingeschlittert? Was habe ich falsch gemacht? Wer oder was sind die Adduktoren? Gestern, bei meinem allabendlichen Telefonat mit meiner Partnerin Irmi, einer diplomierten Sportlehrerin, habe ich sie das auch schon gefragt. Wie Kuddel hat sie mir dann das genaue Krankheitsbild erklärt, soweit eine Beschreibung am Telefon überhaupt möglich ist. Ich bin niedergeschlagen, noch bis vor kurzem haben wir beide bei meinen Anrufen so oft zusammen gelacht. Der Grund ist, Irmi hat das Buch von Hape Kerkeling „Ich bin dann mal weg", und immer, wenn ich ihr meine Tagesetappe oder den Weg für den nächsten Tag erklärt habe, hat sie im Buch die Passage nachgeschlagen. Da konnte es dann schon mal passieren, dass sie zu mir gesagt hat: „Oh, morgen musst du aufpassen, da geht es einen steilen Berg hoch" oder „heute musste er ein Taxi nehmen!"

Es ist etwa halb elf, und auf einmal stehen wir vor der zwischen den Bäumen liegenden „Linos Café-Bar". Sie wirkt ein wenig heruntergekommen, aber ich bin froh, mal wieder für eine kurze Zeit sitzen zu können, umso mehr, da sich bei uns drei Kumpels auch ein richtiges Hungergefühl eingestellt hat. Nachdem von allen Seiten immer mehr Pilger heranströmen, sind in kürzester Zeit alle Tische und Bänke belegt. Die Adresse muss wohl ein Geheimtipp sein! Auch die Frau mit ihrem kranken Hund auf dem Anhänger, die wir in Melide vor der Kirche getroffen haben, macht hier Station, und wir winken ihr zu. Kuddel hat ein paar Bekannte vom Camino getroffen, die schon tüchtig einen gepichelt haben, und so gehen lustige Bemerkungen hin und her. Ringsum werden dick mit Schinken, Käse oder sogar mit beidem belegte „Emparedados oder Bocadillos", also richtig große belegte Brote gegessen. Jeder von uns bestellt sich auch so ein Monstrum von Wecken, und dazu trinken Kuddel und ich ein Bier und Paul eine Cola. Nach dem längeren Sitzen spüre ich inzwischen keine Schmerzen mehr, und so bestellen wir noch eine weitere Lage Getränke.

Als wir dann weiterziehen wollen und ich aufstehe, falle ich einfach wieder zusammen wie ein Klappmesser. Meine rechte Leiste schmerzt auf einmal unerträglich, und ich habe in dem Bein keine Kraft mehr. Meine beiden Kollegen schauen ratlos, als ich sage: „Da hilft nur eines, ab zum nächsten Arzt, und das so schnell wie möglich." Sie helfen mir in die

Bar. Der Wirt, der meinem Hinken zugesehen hat, fragt: „Taxi?" Ich nicke nur. Meinen beiden Freunden sage ich, dass ich mich nach dem Arztbesuch bei ihnen per Handy melden werde. Verdammte Sch...., das hat mir so kurz vor dem Ziel gerade noch gefehlt. Nach einer Viertelstunde ist das Taxi da, und zehn Minuten später stehe ich vor den Ärztlichen Versorgungszentrum einem flachgestreckten länglicher Bau in Arca O Pino. Und das nur noch ein paar Kilometer von Santiago entfernt!! Der Taxifahrer bringt mich bis zur Tür, drinnen, an einem Schalter in einem großen Raum, gebe ich meine DAK-Karte zum Einlesen ab. Der Angestellte fragt mich, wo es mir wehtut, und ich zeige es ihm. Er füllt einen Bogen aus und geht in einen gegenüberliegenden Raum. Die Praxis, wenn es denn eine ist, besteht aus einem kleinen Saal, aus dem etwa sieben bis acht Zimmer abgehen. Der Raum ist unterteilt in Sektionen „Caballeros – Männer", „Señoras – Frauen", und „Mujer", das sind vermutlich Matronen. Ungefähr 25 Personen sitzen auf Stühlen in diesem Riesenwartezimmer. Laufend werden Leute mit ihrem Namen aufgerufen, die dann in einem der Zimmer verschwinden. Nach einer Viertelstunde kommt aus dem Raum gegenüber ein kleiner grauhaariger Mann im weißen Mantel, der meinen Namen aufruft. Er begrüßt mich per Handschlag und führt mich in sein Zimmer. Ich zeige auf meine schmerzende Leiste und versuche auf Deutsch, Spanisch und Englisch zu erklären, was mir passiert ist! Doch ich habe keine Chance, der Doktor ist sehr freundlich, aber verstehen kann er mich nicht! Dann muss ich es ihm einfach zeigen, und das klappt. Ich muss mich auf eine Liege legen, die Hose ausziehen, und dann tastet er meine Leisten ab. Einige Male, hin und her, von einem Bein zum anderen. Er bleibt dann auf der schmerzenden Leiste und drückt, ich kann einen Wehlaut nicht unterdrücken. Er geht an seinen Schreibtisch und schreibt einige Zeilen auf den Bogen und füllt dann ein Rezept aus. Auf Spanisch erklärt er mir dann „una Pastilla muy de mañana, una Pastilla al mediodia, y una Pastilla esta tarde". Je eine Tablette morgens, mittags und abends, das habe sogar ich verstanden! Beim Verabschieden deutet er an, dass ich mindestens 2 Tage nicht wandern darf. Sonst muss er mich, er sagt etwas wie hospitalizar, was anscheinend soviel wie ins Krankenhaus einliefern bedeutet.

Direkt neben dem medizinischen Versorgungszentrum ist eine Apotheke. Ich humple rüber und trete ein, die Frau hinter dem Tresen lächelt mich an. Im Laden sind zwei Frauen vom Land, wie ich an ihrem Geruch bemerke. Eine der beiden hat eine Liste, aus der sie viele Artikel aufzählt, welche die Apothekerin laufend in einer großen Tasche verstaut. Die beiden Landfrauen kichern, sie haben anscheinend noch viel vor. Momentan sind sie in der Kosmetikabteilung. Oh, das kann noch länger dauern! Die Apothekerin nimmt zwischendurch mein Rezept und bringt mir meine Tabletten, „Ibuprofen 600" und einige Tütchen mit einem magenschonenden Mittel während der Tabletteneinnahme. Nachdem ich nur noch einen kleinen Rest Vitamintabletten habe, kann ich die hier ja auch gleich ergänzen.

Die Frau spricht ein wenig Englisch, und so frage ich sie nach einer günstigen Pension hier in Arca. Sie deutet an, dass sie nicht von hier ist, aber mich nachher mit ihrem Auto bis in das Ortszentrum mitnimmt. Eine Viertelstunde später sind die beiden Damen vom Land fertig mit Einkaufen. Es ist Mittagspause, die Apothekerin schließt den Laden ab und wir steigen in ihr Auto. In der Ortsmitte von Arca, direkt vor einem Bodegón „Regueiro", einem Gasthaus, steige ich aus, bedanke mich bei der netten Frau und hinke in das Lokal. An der Bar sitzen etliche Männer, ich frage die Bedienung hinter dem Tresen nach einer Pension in der Nähe. Sie gibt mir eine Visitenkarte der Pension „Maruja". „Gleich um die Ecke", wie sie sagt!

Nach einem Glas Wasser und der Einnahme meiner ersten Tablette humple ich (von wegen gleich um die Ecke!) die ca. 400 m zur Pension Maruja. Eine gutgekleidete Frau, wahrscheinlich die Besitzerin, empfängt mich freundlich in der Bar, die zur Residencia gehört. Als ich nach einem Zimmer frage, geht sie an einen kleinen Schrank und kommt mit einem Schlüssel zurück. Sie schaut mich bedauernd an, als ich hinter ihr die Treppe hochhinke. Ich bekomme ein schönes Einzelzimmer nach hinten raus, mit Blick auf die Berge am Horizont.

Mir tut mein Bein und die Leiste weh, und so lege ich mich erst einmal auf das Bett, kurz darauf muss ich eingeschlafen sein und wache erst wieder um halb vier auf, als meine Handymelodie ertönt. Es ist mein Pilgerkollege Kuddel, der mich fragt, wie es mir geht und wo ich bin?

Ich erzähle ihm von meinem Arztbesuch und der schönen Residencia, in der ich ein nettes Zimmer mit Bad nebenan bekommen habe. Hein und Paul sind in einer Herberge in einem Ort, nicht weit weg von hier, untergekommen und wollen morgen hier sein. „Kannst du uns bis dahin ein Zimmer besorgen?" fragt Kuddel. „Ich hoffe, dass ich hier im ‚Maruja' für euch beide ein Zimmer bekomme und werde mich dann wieder melden", erwidere ich! Zuerst muss ich jedoch einmal versuchen, ob ich überhaupt auf meinem Bein stehen kann und was die Leiste macht?

Es geht, unter Schmerzen komme ich hoch und versuche einige Schritte zu laufen! Lieber noch nicht, ich muss vielleicht doch eine zweite Tablette nehmen, aber dazu sollte ich erst etwas essen. In meiner Vesperdose sind noch 2 Bananen und ein Apfel. Die beiden Bananen esse ich und nehme dann mit viel Wasser eine zweite Ibuprofen-Tablette zusammen mit dem Magenschutzmittel ein. Ich denke, in einer halben Stunde wird es mir besser gehen und schlafe noch einmal kurz ein. Als ich wieder aufwache, fühle ich mich etwas besser, auch mein Bein kann ich erheblich mehr belasten als vorher. Toll!

Es ist gegen 17 Uhr, und ich gehe runter in die Bar. Die Wirtin ist nicht mehr da, dafür steht eine junge Frau hinter dem Tresen. Sie schaut mich an, und ich sage ihr, dass ich hier im Maruja wohne. O.k.! Dann frage ich sie, ob ich für morgen noch ein Doppelzimmer für „dos Amigos" haben könnte? Sie telefoniert kurz und sagt: „Después de todo", wahrscheinlich ja. Mit dem Handy gebe ich die Nachricht an meine beiden Kollegen durch und erkläre ihnen auch gleich noch den Weg hierher.

Ich lasse mir ein Glas Weißwein einschenken, in einer Ecke, vor dem Fernseher sitzen 8 bis 10 Engländer und johlen über irgendeine Show, die gerade läuft. Es ist eine gemischte Gruppe, überwiegend Frauen, lauter junge, gutaussehende Typen.

Das kann ja heiter werden heute Nacht, wenn die hier in der Pension schlafen. Inzwischen merke ich, dass ich einen richtigen Bärenhunger habe. Hier in diesem lauten Restaurant mit dem dudelnden Fernseher möchte ich jedenfalls nicht essen. Ich erinnere mich an die Speisegaststätte, das Bodegón Regueiro. Hoffentlich schaffe ich es dahin. Mit zusammengebissenen Zähnen ist es mir gelungen, und so sitze ich jetzt, ziemlich geschafft, im großen Speiseraum des Lokals. Auch hier läuft die Glotze, sie ist jedoch nicht sehr laut eingestellt. Aber einen Tod muss man halt sterben. Eine Speisekarte gibt es hier nicht, der Kellner zählt mir die Speisen mündlich auf, und zwar so, dass mir dabei buchstäblich das Wasser im Munde zusammenläuft.

Meine Vorspeise, die Primero Plato, besteht aus „Croquetós Caseras de Bacalao", also Fischkroketten, die Hauptspeise, die „Segundo Plato", ist gekochter Schinken mit grünen Bohnen und gewürfelten Kartoffeln, „Jamón en dulce, con Judías verdes y las Patatas". Und „el Postre", die Nachspeise, besteht aus „uno helado", einem gemischten Eis. Mein Getränk ist, wie kann es wohl anders sein, ein spritziger Weißwein aus der Gegend um O Rosal, so steht es wenigstens auf der Flasche.

Das Essen ist sehr schmackhaft und reichlich, und so bedanke ich mich bei dem Kellner für die gute Mahlzeit, das Küchenpersonal kenne ich ja nicht. Der Wein hat mich schläfrig gemacht, und langsam, wegen der Schmerzen in meiner Leiste, laufe ich zurück in meine Pension. Die Frau, es ist die Pensionswirtin, die mir heute Mittag das Zimmer gezeigt hat, ist wieder hinter dem Tresen und lächelt, als sie mich erkennt. Sie zeigt auf mein Bein und nickt, sicher, weil ich ein wenig besser laufe als bei meiner Ankunft. Ich frage sie, ob das mit dem Zimmer für meine Freunde klappt, und sie sagt: „Ya, sin falta", soviel wie ja, ja.

Nach einer großen Tasse Kaffee gehe ich dann auf mein Zimmer. Ich bin müde, der Tag war lang und erlebnisreich. Von der Gruppe junger Engländer habe ich in dieser Nacht nichts gehört.

Am nächsten Morgen wache ich erst auf, als mir die Sonne ins Gesicht scheint. Momentan fühle ich mich wohl, aber wie geht es den Adduktoren in meiner Leiste? Ich drücke mal vorsichtig, na ja, weh tun die immer noch, aber mehr werde ich sowieso erst beim Gehen merken. Zum Ausprobieren laufe ich ein wenig im Zimmer rum, es tut immer noch weh, vielleicht sollte ich zuerst eine der Ibuprofen-Tabletten nehmen.

Unten in der Bar höre ich es schon rumoren, also nichts wie schnell anziehen und runter in die Bar zum Pilgerfrühstück, denn auf nüchternen Magen möchte ich die starken Hämmer dann doch nicht nehmen. Hinter dem Tresen werkelt die junge Bedienung rum, und ich bestelle, na was schon: „Un Café grande con Leche y un Croissant." Danach fühle ich mich besser und nehme meine Tablette ein. Nach einer zweiten Tasse Kaffee, so gegen halb zehn, ertönt mein Handy, es sind meine beiden Kumpel, die mich anrufen und mir mitteilen, dass sie gegen 11 Uhr in Arca sind. Da habe ich ja noch genügend Zeit, denn etwa 200 m weit weg steht eine interessante Kirche, die will ich mir ansehen. Sie ist der heiligen Eulalia geweiht, aber leider

abgeschlossen, wie so viele Kirchen auf dem Camino. Schade! Langsam mache ich mich zu unserem vereinbarten Treffpunkt auf, er ist vor einem Standort der „Guardia Civil", der Polizei, in der Hauptstraße und nicht weit weg von hier. Dort setze ich mich auf eine Bank.

Schon um kurz nach halb elf trudeln die beiden ein, und wir begrüßen uns herzlich. Wir haben uns ja auch sooo lange nicht mehr gesehen. Sie fragen mich sofort, wie denn mein Arztbesuch war, und ich erzähle ihnen von der Klinik, dem Ergebnis meiner Untersuchung und den Folgen daraus. „Und wie ist das mit dem Zimmer", fragen sie mich noch! Ich kann ihnen nur bestätigen, dass wir zusammen in derselben Pension wohnen. Kuddel will sich, einfach mal interessehalber, die offizielle Pilgerherberge hier im Ort ansehen, und da das Haus nicht weit weg ist, laufen wir langsam hin. Die Herberge „Albergue Porta de Santiago" ist neu, und wie wir an den Räumen sehen können, gut und hochwertig eingerichtet. Auch das Personal ist sehr freundlich und zeigt uns einige der Zimmer. Wieder auf der Straße kommt im Trab ein Pilger vorbei, der einen kleinen gelben Kastenwagen hinter sich herzieht, auf dem steht, dass er ein Holländer ist. Wir freuen uns und wollen ihn begrüßen, doch er hat keine Zeit für ein Schwätzchen, denn er möchte so schnell wie möglich in Santiago sein, wie er uns zuruft!

Kumpel Paul hat Durst bekommen, und so gehen wir kurz in das gegenüberliegende Restaurante „Regueiro". Als wir wieder vor der Türe stehen, sagt Paul zu mir: „Du, Jörg, ich habe dir jetzt schon ein Weilchen zugesehen, so wie du zur Zeit hinkst, kommst du nie nach Santiago, spätestens nach 5 km liegst du wieder flach." Und Hein bläst ins selbe Horn und sagt zu mir: „Junge, Paul hat recht, bevor du noch mal im Krankenhaus landest, musst du eben die paar Kilometer nach Santiago mit dem Bus fahren, dein Bein wird es dir danken." Das macht mich sehr traurig, ich habe mich doch so darauf gefreut, Santiago zu Fuß zu erobern. Aber die beiden haben wohl recht, denn irgendwie habe ich es schon geahnt, dass ich mit dem geschädigten Bein nicht mehr sehr weit komme.

Schräg gegenüber der Guardia Civil ist das „Ayuntamiento", das Rathaus. Dort muss ich jetzt zuerst einmal fragen, wo hier im Ort eine Bushaltestelle ist, und mir einen Fahrplan besorgen. Nach der dritten Tür werden wir fündig, und der freundliche Herr kopiert mir nach einigem Hin und Her einen Fahrplan und drückt mir auch noch einen Stempel in mein Credencial. Selbst die Bushaltestelle zeigt er mir noch, sie ist direkt gegenüber der Polizei.

Im Maruja, unserer Pension, in der wir währenddessen eingetroffen sind, hat uns die Zimmerwirtin inzwischen ein Dreibettzimmer mit Bad zur Verfügung gestellt und meine Klamotten gleich mit rübergepackt. Leider nach vorne zur Straße hinaus, was wir später sehr bedauern. Die jungen Engländer sitzen vor der Bar und spielen Karten. Als wir ankommen, haben uns ein paar freundlich gegrüßt. Die Pension steht in einem Neubaugebiet und ich habe Kuddel, dem Baumeister, gleich bei unserer Ankunft etwas gezeigt, das mir schon gestern aufgefallen ist. Viele der drei bis vier Stockwerke hohen Neubauten sehen aus wie aus der Retorte, die Fassaden sind alle ähnlich und sehen sehr prächtig aus. Wir haben dann entdeckt, dass die Fassadenteile alle vorgefertigt sind und nur an die Rohbauten anmontiert werden.

Da ich im Regueiro meine zweite Tablette genommen habe, fühle ich mich momentan richtig gut. Kuddel sitzt an der Bar und trinkt ein Bier, während Paul und ich zu der kleinen Kirche gehen, von der ich ihm erzählt habe. Doch die Iglesia Santa Eulalia ist immer noch verschlossen.

Zurück bei Kuddel im Maruja bestelle ich uns eine Runde, zwei Bier und eine Cola. Die Engländer sitzen inzwischen wieder in ihrer Ecke vor der Glotze. Da die Bar gut besucht ist, ist auch der Lärmpegel entsprechend hoch. Paul und Kuddel machen Pläne für morgen, denn in einem, spätestens in zwei Tagen, wollen sie in Santiago sein. Auf einmal steht der behinderte Mann mit der einen Gehhilfe und dem schweren Rucksack im Eingang des Maruja, hinter ihm seine magere Frau. Die beiden hatten wir zuletzt in Melide vor der Kirche gesehen. Sie fragen nach einem Zimmer, doch die Pension ist voll, und so müssen sie weiterziehen.

Nach ihnen kommen noch einige andere Pilger, die eine Übernachtungsmöglichkeit suchen, auch sie müssen alle fortgeschickt werden. So kurz vor Santiago sind die meisten Herbergen, Hotels und Pensionen meistens überbelegt. Inzwischen habe ich Hunger bekommen und frage meine beiden Kollegen, ob sie mit mir in die Bodegón „Regueiro" zum Essen gehen. Obwohl ich das Essen dort sehr lobe, beide wollen im Maruja bleiben und hier einen Salat oder ein Sandwich essen. Das ist nicht mein Ding, und so zuckle ich, so schnell es meine lädierten Adduktoren erlauben, ins Regueiro, setze mich wieder in den großen Speiseraum und warte auf den Kellner. Auch heute kommt er ohne Speisekarte, aber das kenne ich ja inzwischen. Als Vorspeise wähle ich eine Paella und zum Hauptgericht einen Fisch, „una Lamprea". Ein Neunauge, eine Spezialität Galiciens, wie der Kellner sagt. Ich bin begeistert, denn auch der Wein,

ein spritziger Albarino, hat mir zu diesem Essen sehr gut geschmeckt. Zurück im Maruja sitzen meine beiden Kumpel noch im Lokal, das Fernsehen überträgt gerade das Fußballspiel Deutschland – Kroatien, und der Lärmpegel übertrifft mal wieder alles. Paul fiebert geradezu, denn er ist ja unser Fußballfan. Beim Essen vorher im Regueiro habe ich keinen Fernseher gehört, vielleicht wurde er leise gestellt, weil das Match für die Spanier nicht so wichtig war.

Das Spiel gegen die Kroaten läuft schlecht für uns Deutsche, Kroatien führt und alles grölt. Paul ärgert sich, er dachte wohl, die fegen wir einfach vom Platz. Kuddel und ich müssen grinsen, weil Paul sich ärgert, doch langsam ärgern wir uns dann auch. Bei den Fouls gegen die Deutschen schimpfen wir inzwischen genauso, und als das Spiel 2:1 für Kroatien ausgeht, sind wir richtig enttäuscht. Es war ein langer Tag, und müde sind wir auch, und so gehen wir hoch auf unser Zimmer. Paul cremt noch seinen Fuß und ich meine Leiste ein, obwohl das nichts nützt, wie mir der Arzt gestern gesagt hat.

Vor der Bar im Freien sitzen noch einige Gäste und diskutieren so laut, dass an Schlafen nicht zu denken ist. Ich muss an mein ruhiges Zimmer mit Gartenblick denken, in dem ich gestern so gut geschlafen habe. Irgendwann lasse ich zum Fenster raus einen kurzen Schrei, danach wird es ruhiger. So gegen 6 Uhr am Morgen wird es draußen wieder laut. Auf dem Gang höre ich Kichern und Flüstern und ein stetiges Kommen und Gehen. Nachdem ich dann aus dem Fenster schaue, sehe ich die Gruppe junger Engländer, die sich mit leichtem Gepäck davonschleichen. Aha, Sombrerinos, Edelpilger, denke ich. Als wir wenig später zum Frühstücken in die Bar gehen, wird ihr Gepäck gerade von einem Auto abgeholt. Ich esse heute morgen zwei Croissants, weil ich gestern ein leichtes Magenzwicken nach der Tabletteneinnahme verspürt habe. Nachdem wir unsere Rechnung bezahlt

haben, das Dreibettzimmer hat 50 Euro gekostet, lassen wir noch unser Credencial abstempeln und machen uns auf den Weg. Ich zur Bushaltestelle und meine beiden Kumpels in Richtung Santiago. Pünktlich um 8 Uhr steige ich in den Bus und bezahle für die Fahrt in die Provinzhauptstadt 1 Euro 25. Kurze Zeit später fahren wir an meinen beiden Pilgerfreunden vorbei, ich winke ihnen noch zu, aber sie sehen mich nicht.

Die Fahrt ist sehr abwechslungsreich und interessant, je näher wir in Richtung Santiago kommen, desto mehr wird hier gebaut. Riesige Erdbewegungen sind überall im Gange, und viele Roh- und Neubauten stehen hier neben Abbruchhäusern links und rechts der Straße.

Nachdem wir die Stadtgrenze passiert haben, sehe ich das kanadische Ehepaar wieder, das wir zuletzt in „Ribadiso da Baixo" getroffen hatten. Er läuft sehr aufrecht etwa 20 m voraus, während sie mir, das kann ich selbst vom Bus aus sehen, noch kleiner, gedrückter und abgekämpfter vorkommt. Beide haben immer noch dieselben Klamotten an. Sie haben es bald geschafft! Ich schäme mich ein bisschen, weil ich Bus fahre, aber für meinen anfälligen Gesundheitszustand kann ich ja auch nichts!

An der „Estación de autobuses", dem Busbahnhof von Santiago, komme ich kurz vor 9 Uhr an. Ich schultere meinen Rucksack und mache die ersten Schritte. Wenn ich sehr langsam laufe, geht es mit den Schmerzen, und so laufe ich eben langsam.

Im Supermarkt in Arzúa hatte ich mir schon vorher eine Karte von Santiago gekauft, nach einem kurzen Überblick finde ich die Richtung zur Kathedrale und mache mich auf den Weg. Die Stadt pulsiert vor Leben, und überall sehe ich Pilger.

Einen Mann, der ein wenig wie ein Deutscher aussieht, frage ich nach dem Weg zum Registrierungsbüro. Ich habe Glück, es ist ein Holländer, und er versteht mich. Nachdem er mir den Weg gezeigt hat, gratuliert er mir zur bestandenen Pilgerreise. Dann schaut er, wie ich meine beiden Stöcke benutze, und sagt: „Leicht haben sie es aber anscheinend nicht gehabt." Ich kann nur nicken. Es ist kurz vor 9 Uhr 45 und vor dem Gebäude, in dem die Registrierung untergebracht ist, stehen schon etliche Pilger. Um 20 Minuten nach 10 Uhr habe ich meine Pilgerurkunde, die Compostela, ausgestellt auf den Namen „Georgium Maximilianum Weisbrod", in den Händen. Es ist geschafft, ich bin glücklich, und auch ein wenig traurig. Das wars dann!

Der Quereinsteiger zum Ende der Welt - 7
Santiago de Compostela –
Sternenfeld

Es ist Freitag, der 13. Juni, ein sonniger warmer Morgen. Ich sitze auf einem Steinpodest in der Nähe des „Oficina de Peregrinaciones", dem Registrierungsbüro für Pilger in Santiago, und halte meine „Compostela" in den Händen. Aus einem Stadtführer durch Santiago weiß ich, dass Compostela „Sternenfeld" heißt, was für ein lyrischer Name für eine weltliche Urkunde.

Ich bin innerlich aufgewühlt und kann es eigentlich noch gar nicht fassen. Entgegen aller Unkenrufe bin ich, der Pilger „Georgium Maximilianum Weisbrod", in Santiago de Compostela angekommen. Mehr schlecht als recht, aber immerhin! Trotz aller Schmerzen und Widrigkeiten habe ich den Weg hierher gefunden. Dass ich hinke und meine Stöcke eigentlich mehr zum Stützen als zum Gehen brauche, was spielt das jetzt noch für eine Rolle. Ich zittere auf meinem Steinpodest, als ob ich friere. Ist es ein Glücksgefühl, das mich so bewegt?

Bei der Busfahrt von Arca O Pino nach Santiago habe ich eine junge Spanierin kennengelernt, die einen Fuß im Gips hatte und mit einer Krücke lief.

Sie war erst seit kurzem Pilgerin und hatte aufgrund ihrer Verletzung nur wenige Stempel in ihrem Credencial. Sie stand hinter mir in der Warteschlange vor dem Registrierungsbüro. Als sie aus dem Eingang tritt, strahlt ihr ganzes Gesicht, sie zeigt mir eine Urkunde, vielleicht eine andere als meine Compostela, aber ein Dokument für ihre Teilnahme an der Pilgerreise ist es auf jeden Fall. Vom Glockenturm der Kathedrale erklingen 11 Schläge. Ich habe Durst, möchte dringend etwas trinken, doch

meine Wasserflasche ist leer. So setze ich mich in das in der Nähe liegende „Restaurante Barbantes" und bestelle ein Glas Weißwein, der schmeckt sowieso besser als mein abgestandenes Wasser. Ich habe meine Pilgerurkunde in dem Registrierungsbüro in einen verschließbaren Zylinder stecken lassen. Jetzt hole ich das Dokument aus der Hülle und schaue es erst einmal richtig an; es ist eine Urkunde in lateinischer Sprache, ausgestellt auf meinen Namen.

Fast respektvoll nehme ich den ausgefüllten Bogen in meine Hände. Ich bin ja nicht so weit gelaufen wie die meisten anderen, doch jetzt frage ich mich, ob sich die Pilger, welche die ganze Strecke von Saint-Jean-Pied-de-Port bis hierher gelaufen sind, ob sich diese Pilger zufriedener oder glücklicher fühlen können als ich? Der Kellner, ein älterer Herr, der mir ein zweites Glas Wein bringt, lächelt und nickt anerkennend, als er meine Compostela sieht. Mir fällt ein, dass ich ja nach meinem vorbestellten Hotel sehen muss, und so frage ich ihn: „Por favor, donde esta la Rua de Horreo después Plaza de García?" – „Bitte, wo ist hier die Horreo-Straße am García-Platz"? Er geht mit mir vor die Tür und zeigt mir die Richtung und sagt: „Plaza de García". Ich trinke meinen Wein aus, bezahle die Rechnung und mache mich auf den Weg, denn ich muss erst mal mein Hotel finden. Die freundliche Wirtin der Pension Maruja in Arca hat mich in Santiago am Plaza de García in einem Garni-Hotel „Fornos" angemeldet.

Die Strecke ist nicht sehr weit. Weil ich jedoch wegen der Schmerzen in meiner Leiste nicht so schnell laufen kann, dauert es, auch wegen einiger ungewollter Umwege, doch über eine halbe Stunde. Im Hotel angekommen, empfängt mich eine nette ältere Dame an der Rezeption im ersten Stock. Ich bekomme ein schönes Zimmer mit einem tollen Bad und Blick nach hinten in einen großen überdachten Hinterhof. Der Anblick ist nicht schön, aber sicher ist es hier nachts sehr ruhig. Und schöne Aussichten hatte ich ja in letzter Zeit genügend. Ich nehme meinen Rucksack ab, packe die wichtigsten Sachen aus und mache mich, erleichtert ohne dieses schwere Teil, nochmals zurück auf den Weg in die Altstadt. Dort, in der großen Kathedrale, die über Wochen hinweg das einzige Ziel für so viele Menschen bedeutet, möchte auch ich dem „heiligen Jakobus" meine Achtung erweisen. Sonst heißt es ja immer: „Alle Wege führen nach Rom", in Santiago kann man dagegen sagen, alle Wege führen hier zum großen Dom des Sanctus Jacobus. Staunend stehe ich dann einige Zeit später auf einem Platz vor der riesigen Kirche und bin überwältigt. Überall, wohin ich auch sehe, Pilger, nichts als Pilger. Ein paar davon erkenne ich auch gleich, wir begrüßen uns erfreut. Fragen, wie geht's, hat alles gut geklappt, gab es irgendwelche Schwierigkeiten, wo habt ihr übernachtet und wie waren die Herbergen und vieles mehr, werden miteinander gewechselt. Gemeinsam beglückwünschen wir uns, dass unsere Pilgerreise erfolgreich war und einen guten Ausgang genommen hat.

Endlich, nach der Begrüßung der Freunde und Kollegen, betrete ich die eindrucksvolle Kathedrale, hier kann ich nur einmal mehr über den Prunk und die Pracht staunen, die in solch alten Kirchen über die Jahrhunderte hinweg angesammelt wurden, ich setze mich in eine Bank und lasse diese bewegende Atmosphäre erst einmal auf mich einwirken. Rings um mich herum sitzen Pilger in den Bänken, die beten, keiner lässt sich durch die Masse von Touristen stören, die durch die Kirche strömen. Auch ich danke Gott  dafür, dass er mich trotz aller Rückschläge und negativen Erlebnisse wohlbehalten hierhergeführt hat. Später mache ich mich daran, die Kathedrale zu erkunden. Überall stehen Menschentrauben, denen Fremdenführer in allen möglichen Sprachen die verschiedenen Heiligen-Statuen und den Sinn der Altäre erklären. Ein dumpfer Geräuschpegel erfüllt das riesige Kirchenschiff. In einem Seitenraum singt eine Pilgergruppe ihre heimischen Kirchenlieder. Fasziniert sehe ich mir die vergoldete Statue des heiligen Jakob an, der hier in all seinem Pomp und seiner Glorie erstrahlt. Den Pilgerstab in der linken Hand, scheint er mit seiner Rechten den Menschen, die ihn aufsuchen, einen Weg zu deuten.

Nicht weit weg hängt der große prunkvolle Weihrauchkessel, der „Botafumeiro". Bei besonderen Anlässen wird er von einer Gruppe aus acht Mönchen in Bewegung gesetzt und schwebt dann durch das Kirchenschiff, wobei er im ganzen Kirchenraum einen angenehmen Geruch verbreitet. Früher war das anscheinend öfter nötig, um damit die schlechte Ausdünstung, den Gestank der Pilger zu überdecken, die hier oft nach der langen Pilgerreise gebetet, übernachtet und auch gegessen und getrunken haben. Konnte ich später in meinem Pilgerführer nachlesen.

Bevor ich die Kathedrale nachher über die doppelte Treppe zum Obradoiro-Platz hin verlasse, schaue ich im Inneren noch einmal zum „Pórtico de la Gloria", dem Säulengang mit den vielen wundervollen

Figuren der Apokalypse hoch. Diese Galerie ist mit ihren gegen Ende des 12. Jh. in Stein gemeißelten Gestalten sicher einer der bedeutendsten Kunstschätze der Kathedrale von Santiago. Ich frage mich bei dem Anblick, ob hier jemand überhaupt so viel Zeit und Muße hat, um solch schöne Bilder in sich aufzunehmen. Draußen empfängt mich strahlende Helligkeit, ich blinzle in die Sonne und freue mich einfach. Als Nächstes bemerke ich erst mal, dass ich hungrig bin wie ein Bär, aber dem kann ja abgeholfen werden. Nach meiner Uhr ist es inzwischen kurz vor eins, also ist mein Hungergefühl berechtigt! Langsam schlendere ich durch enge Gässchen und Sträßchen; unter einem Torbogen hindurch komme ich an den kleinen „Praza Mazarelos", Praza ist galicisch und heißt Platz, der in der Nähe der alten Universität liegt. Hier gibt es einige Tabernas und Lokale, und ich finde einen schönen Platz in einer Cafeteria „Candilejas", dem Lämpchen. Im Grunde genommen bin ich neugierig, und von meinem Tisch aus kann ich alles überblicken. Hier herrscht ein stetes Kommen und Gehen. An den Tischen sitzen überwiegend einheimische Gäste, die nach einem Kaffee oder einem anderen Getränk meistens schnell wieder den Platz räumen. Viele junge Leute eilen oder schlendern über die Straße, um dann in dem einen oder anderen Universitäts-Gebäude gegenüber zu verschwinden.

An einem der Nebentische isst eine ältere Frau eine Art Teigtasche. Als die Bedienung kommt, zeige ich heimlich, heimlich deshalb, weil mir Irmi beigebracht hat, nicht mit nacktem Finger auf angezogene Menschen zu zeigen. Also, ich zeige auf den Teller der Dame und frage: „Por favor que es?" in etwa: Bitte, was ist das? Die Bedienung antwortet: „Una Empanada Gallega, eine galicische Teigpastete". Zusammen mit einem Glas Weißwein bestelle ich so eine Portion. Das halbmondförmige „Empanadilla", ein Hefeteigstück, gefüllt mit Tomaten und Zwiebeln und Thunfisch oder Meeresfrüchten, verspeise ich dann nachher mit viel Genuss.

Langsam macht sich wieder meine schmerzende Leiste bemerkbar, gut, dass ich meine Tabletten dauernd dabei habe, durch den langen Kirchenbesuch habe ich einfach vergessen, sie einzunehmen. Bisher war ich mit der Einnahme immer pünktlich, doch jetzt muss ich für meine Nachlässigkeit mit Schmerzen büßen. Kurze Zeit später mache ich mich langsam auf in Richtung Hotel, um mich dort ein bis zwei Stunden auszuruhen. Immerhin bin ich ja schon seit heute Morgen um 6 Uhr auf den Beinen. So gegen halb vier wache
ich auf und fühle mich frisch und erholt, was doch so ein heilsames Schläfchen alles bewirken kann! An der Rezeption hatte ich bei meiner Ankunft ein Prospekt über Busreisen zum Kap Finisterre gesehen. Diese Fahrt würde mich sehr interessieren, das wäre doch der krönende Abschluss meiner Pilgertour! Leider kann ich wegen meiner Adduktoren, die ja immer noch verrückt spielen, nicht ans Kap laufen, und die Zeit dazu habe ich auch nicht mehr, weil ja am Montag mein Bus zurück nach Deutschland fährt. Inzwischen arbeitet ein junger Mann an der Hotel-Rezeption, der mir auf meine Frage nach der Busfahrt zum „Cabo Fisterra", so heißt der Ort auf galicisch, genau erklärt, von wo und wann die Fahrt möglich ist. Also, direkt schräg gegenüber vom Hotel fährt alle 10 Minuten ein Bus der Linie 5 zum Busbahnhof, und von dort geht es um 8 Uhr weiter zum Kap Finisterre. Ankunft dort gegen 10 Uhr 30, die Rückfahrt ist um 16 Uhr.

Ich melde mich per Handy bei meinen beiden Kumpels Paul und Kuddel, um zu fragen, wo sie sind und wie ihre weitere Planung ist. Die beiden sind in der Pilgerherberge auf dem Monte do Gozo gelandet und wollen morgen am Samstag in aller Ruhe in Santiago einmarschieren. „Und wie steht's mit einem Hotel, muss ich euch eines besorgen", frage ich sie noch? „Ich glaube nicht, sagt Kuddel, „meine Frau will mich Mitte nächster Woche in Santiago abholen, daher haben wir für diese Zeit schon ein Hotel gebucht, vielleicht kommen Paul und ich da jetzt auch schon unter." – „O.k., ist mir auch recht, denn morgen will ich ans Kap Finisterre fahren, dann treffen wir uns morgen Abend in einem der Lokale hier", antworte ich.

Kurze Zeit später bin ich wieder mitten im Gewühle von geschäftigen Einheimischen, Urlaubern und Pilgern, die sich durch die vielen kleinen Gässchen wälzen. In diesem Teil der Altstadt reihen sich Lokale und kleine Läden dicht an dicht und ziehen sich wie ein Ring rund um die Kathedrale, und so komme ich nur langsam voran.

Vor einer Tourist-Information mache ich Halt, endlich kann ich mir einige Unterlagen und Prospekte über die Gegend von hier bis zur Küste besorgen. Nach einem lustigen Palaver mit mehreren Damen gibt mir eine der netten Beraterinnen drei gut aufgemachte Hefte über Galiciens Land und Leute in deutscher Sprache und dazu noch eine Wegekarte. Wie viel kann man doch mit ein wenig Höflichkeit erreichen!

In einem kleinen Andenkenladen nebenan kaufe ich mir für meinen Strohhut, den ich mir irgendwo unterwegs zugelegt habe, zwei Anstecker und dazu noch drei besonders schöne für meine Irmi als Mitbringsel. Irmi leitet zuhause eine Gymnastikgruppe mit etlichen Frauen, die zum Abschluss jedes Jahr einen Ausflug machen. In ganz Europa haben sie schon viele Städte und Länder besucht und dabei tragen sie immer ihre originelle Bekleidung in Form einer blauen Weste, auf der steht: „Mir sins!"

„Wir sind es", heißt die Übersetzung für Norddeutsche, wenn sie gefragt werden. Dazu haben sie ein lustiges Hütchen auf mit tollen Ansteckern aus allen besuchten Orten. Dort finden sicher meine drei Stickers aus Santiago auch noch einen Platz!

Außerdem kaufe ich mir in dem Lädchen auch noch ein paar besonders schöne Postkarten, aber nicht zum Beschreiben, das mache ich schon seit Jahren nicht mehr, sondern als Andenken an die Stadt und meine Pilgerreise. Kurz darauf reihe ich mich wieder in die Menschenschlange ein, die sich durch die engen Passagen schiebt.

In einer Seitengasse sehe ich ein großes Gebäude mit einem schönen Tor und vergitterten Fenstern, ich laufe drauf zu. Vor mir geht eine ältere Frau durch das Tor und an einen kleinen Schalter; ich schließe mich einfach an. In dem halbdunklen großen Raum, der von der Straße her nur durch zwei kleine Fenster erhellt wird, läutet die Dame an einem Schalter, kurz darauf erscheint der Kopf einer Ordensfrau dahinter. Während die Besucherin der Nonne ein Päckchen überreicht, kommt aus der

Klappe ein Duft wie nach Weihnachtsgebäck. Nachdem die Frau gegangen ist, schiebe ich der Klosterschwester mein Credencial zum Abstempeln hin, ein wenig verlegen nimmt sie es und kommt gleich danach mit meinem Dokument zurück. Leider ist der Stempel so blass, dass ich danebenschreiben muss, wen oder was ich hier besucht habe, nämlich ein „Monasterio de Benedictinas San Pelayo de ante Altares", kurz ein Benediktinerinnen-Kloster.

Um die Ecke rum, auf einem Platz vor der Kathedrale, stehen Stühle, und ich setze mich hin, schnell erscheint von irgendwo her ein Kellner, bei dem ich einen Milchkaffee bestelle. Auf einmal stehen fünf Personen vor dem Tisch und reden auf mich ein. Es sind meine Bekannten, die Finnen, die auch heute angekommen sind und nun das Ende ihrer Pilgerreise feiern. Wir bestellen 6 Ramazzottis und stoßen auf eine gute Heimkehr an. Ich muss innerlich lächeln, die Kleinste, ein wenig Pummelige der Gruppe, mischt heute den ganzen Tisch auf, so aufgedreht ist sie. Wir drei, Kuddel, Paul und ich, haben sie „Tante Lenchen" getauft, weil sie fast immer 100 Meter hinter ihrer Gruppe herlief. Trotz ihres schweren Rucksacks schleppte sie oft noch einen Plastikbeutel oder eine Tasche mit sich, aus der sie sich von Zeit zu Zeit etwas holte und zum Munde führte. Eben wie Tante Lenchen!

Ihre vier Freunde mussten öfters auf sie warten, bis sie dann die Gruppe wieder eingeholt hatte. Der Mann, der die vier Frauen begleitete, ist mittleren Alters und sehr bleich, er kommt mir vor wie ein angehender Pastor. Auf seinem Kopf trägt er immer eine Art Ohrenkappe aus grauem Stoff und, obwohl wir öfters in den gleichen Herbergen übernachteten, könnte ich nicht beschwören, dass er die Kappe irgendwann mal abgenommen hat. Vielleicht war er der Anstandswauwau der Damen. Wir quatschen noch ein bisschen und verabschieden uns herzlich voneinander, bevor die fünf zu ihrem Hotel aufbrechen, am Montag müssen auch sie nach Hause, zurück nach Finnland, fliegen. Von irgendwo her höre ich Musik, die mich elektrisiert, ich kenne das Stück genau und habe sogar noch die alten Schallplatten des Interpreten zuhause. Es ist „Take five" von Dave Brubeck, eines meiner frühen Jazz-Lieblingsstücke. Ich gehe die breite Treppe herunter, immer die Melodie nachpfeifend, und sehe ganz unten am Fuße der Stiege einen Saxophon spielenden Schwarzafrikaner. Beim Näherkommen bemerke ich, dass der dunkle Afrikaner gar kein Afrikaner, sondern ein schwarzgekleideter Mann mit dunkler Gesichtsmaske ist. Neben sich auf einem Podest hat er einen Rekorder, nach dessen

Musik er auf dem Saxophon spielt, vor sich ein Plakat, auf dem „Jazzman" steht. Als er das Stück fertig gespielt hat und ich meinen Obolus in seinen Hut gelegt habe, unterhalten wir uns kurz auf Englisch, soweit es eben geht, über Dave Brubeck und seine Musik. Mir ist bei den Klängen richtig warm ums Herz geworden. Wie viel Schönes man doch an einem Tag erleben kann, auch wenn es dann nur so etwas Alltägliches wie dieses kleine Musikstück ist. Ich schlendere weiter und höre schon wieder Musik, doch dieses Mal klingt sie ganz anders. Nur ein paar Meter entfernt auf einem kleinen Platz sitzen und stehen etliche Zuhörer. Auf einem Podium mit Zeltdach spielt hier eine galicische Gruppe eine Art Folkloremusik, auch ich stelle mich ein Weilchen dazu. Die Sonne ist hinter den Dächern verschwunden und langsam wird es in den tieferliegenden Gässchen dunkel. Um die hohen Kirchtürme, welche noch im Sonnenlicht stehen, fliegen krächzend Raubvögel, als ich jedoch genauer hinsehe, entdecke ich, dass die Raubvögel nur Möwen sind. Das Meer kann nicht mehr weit weg sein.

Heute Mittag hatte ich in der Cafeteria Candilejas nur eine Empanadilla gegessen, jetzt ist mir danach, etwas Herzhafteres zwischen die Zähne zu bekommen. Auf meinem Weg durch die Gassen habe ich mir immer die Speisekarten der Lokale angeschaut, und eine Karte mit Spezialitäten hat mir besonders gefallen. Gut, dass ich mir die Richtung gemerkt habe, so schlendere ich langsam hin. In dem kleinen, langgezogenen „Casa de Comidas" sind keine Plätze mehr frei, doch der Kellner zeigt mir einen Tisch, an dem gerade bezahlt wird. Natürlich dudelt auch hier, wie in jedem Lokal, der Fernseher, der Geräuschpegel ist sehr hoch, in einem kleinen Nebenraum spielen ein paar Männer lautstark Karten.

Die Speisekarte, die mir der Ober kurz darauf bringt, ist in Spanisch, Englisch und Deutsch und voller Besonderheiten. Natürlich fällt mir mal wieder die Wahl der Speise schwer. Da ich jedoch auf dem Jakobsweg gepilgert bin, bestelle ich mir als Vorspeise drei Stück taubeneigroße weiße, gedünstete Jakobsmuscheln. Sie riechen nach Meer, schmecken ein wenig nussig und ganz leicht süßlich, einfach köstlich. Der Hauptgang, galicische Kutteln, „Callos a la Gallega", ist ein Gemisch aus Kutteln, Kalbfleisch, Chorizo, Schinken und Speck. Speziell dieses Gericht ist für mich, der ich auch zuhause ein Liebhaber von „Sauren Kutteln" bin, etwas Besonderes. Die Zusammenstellung der Speisen war ein wenig exotisch, aber mir hat es sehr gut geschmeckt. Beim Nachtisch bin ich jedoch nicht sehr wählerisch, und so reicht mir ein Joghurt.

Beim Verlassen des Restaurants stolpere ich beinahe über ein paar Franzosen, die gerade zur Tür hereinwollen und die ich von unterwegs kenne, und wir begrüßen uns kurz mit Bonjour und Ça va bien.

Um meine Schmerztablette nehmen zu können, habe ich in dem Lokal nur Wasser getrunken, und so gehe ich noch nach nebenan ins Café Derby auf einen kleinen Absacker, einen Carachillo. Dazu noch eine Zigarette, das wäre nach diesem opulenten Essen der vollkommene Genuss gewesen!

Zwei Männer kommen herein, es sind Freunde von Kuddel, die ich in „Linos Café Bar" kurz vor Arca als Pilger kennengelernt habe. Damals waren sie leicht angeschickert und heute auch. Wir begrüßen uns, und sie fragen mich, ob ich nach meinem Carachillo mit in die Bodega „Lizarran" komme, dort wollen sie ihren Abschied feiern, morgen geht es zurück nach Hause. Bei so einer Einladung braucht man mich nicht zweimal fragen, und kurz darauf stehen wir dann im Lizarran an einem der Stehtische, jeder mit einem Glas Ribeiro in der Hand. Natürlich bleibt es nicht bei dem einen, doch die Wirkung merke ich erst, als ich zur Toilette muss, ich habe runde Beine. Auweia, Tabletten und Alkohol passen anscheinend doch nicht zusammen! Bevor noch mehr passiert, verabschiede ich mich schnellstens von den beiden Pilgerbrüdern, wünsche gute Heimfahrt und wackle Richtung Hotel.

Es ist kurz nach 23 Uhr, ich bitte noch den Nachtportier, mich morgen früh um 6 Uhr 45 zu wecken. Ganz schnell huschen noch einige Bilder dieses erlebnisreichen Tages durch meinen Kopf, bevor ich einschlafe.

Der Quereinsteiger zum Ende der Welt - 8

Santiago de Compostela, Ría de Muros e Noya, Costa da Morte, Ría de Corcubion, Cabo Fisterra – Ziel

Brrrr, brrrr, grelles Klingeln weckt mich aus einem skurrilen Traum. Ich lief gerade zusammen mit einer kleinen Frau, die igelkurze, rote Haare hatte und einen zu langen, blauweiß quergestreiften Mantel trug, durch eine mir unbekannte Wohnung. Wie auf einer Suche betraten wir viele merkwürdig dekorierte und verschieden eingerichtete Zimmer. Dann trat die Frau auf ihren Mantelsaum, stolperte, und ich fasste .... Brrrr, brrrr, es klingelt noch einige Male, bis ich das Telefon unter einer am Nachmittag abgelegten Zeitung finde.

Saudumm, es ist schon nach 7 Uhr, und der Nachtportier hat mich zu spät geweckt, heute will ich doch meinen Ausflug ans Kap Finisterre machen. Auf geht´s, hoppla hopp, schnell duschen und rasieren, die paar Sachen, die ich mitnehmen muss, werden einfach in meine große Stofftasche mit der sinnigen Aufschrift: „Neue Heizung? Dann Öl!" gepackt. Darauf schnappe ich mir noch meine Wanderstöcke und will, so schnell es meine lädierten Adduktoren erlauben, aus dem Hotel zu der gegenüberliegenden Bushaltestelle gehen. Schon auf der Straße stehend, muss

ich direkt wieder zurückhüpfen, unter lautem Getöse fährt der Bus, der gerade noch gegenüber gewartet hat, an mir vorbei. Natürlich war es auch noch die Nummer 5, mein Fahrzeug zur Busstation. Trotz dieses Missgeschicks bin ich 15 Minuten später an der „Estación de Auto buses". 5 Minuten später, eine Minute nach 8 Uhr fährt der Doppelstock-Bus mit mir als letztem und momentan völlig kaputten, ausgepumpten Passagier zum „Cabo Fisterra". Ein paar Passagiere haben geklatscht, als ich nach meinem schnellen

Humpelmarsch in den Bus einstieg. Gut, dass ich vorher im Hotel noch meine ganze Tablettensammlung eingenommen hatte, so waren die Schmerzen in der Leiste erträglich. Doch momentan bin ich noch total außer Puste. Nachdem ich meine Siebensachen verstaut habe, mache ich es mir in dem modernen, bequemen Sitz erst einmal gemütlich.

Da habe ich vorhin ja gerade noch mal Glück gehabt, ich stand oben in der großen Busbahnhofshalle mit ein paar anderen Passagieren vor einem Abfertigungsschalter. Als ich dann endlich drankam und mein Ticket nach dem Kap lösen wollte, sagte die Beamtin nur: „No, no, no, aquí no, otro Compañía", andere Firma, und zeigte mit der Hand auf einen weit entfernten Schalter, der gerade schließen wollte. Ich stieß einen Schrei aus, dass sich alle Personen umdrehten, und humpelte so schnell es ging an den anderen Schalter, zahlte meine 21,– Euro für hin und zurück und hinkte eiligst über einige Treppen in das untere Stockwerk zu den Busparkplätzen. Natürlich stand mein Bus in der letzten Reihe.

Draußen gleiten langsam die vielen historischen Gebäude der Altstadt vorbei. Einige Zeit später wechselt das Bild, jetzt beherrschen überwiegend neuere Häuser und viele Baustellen die Straßen der Stadt mit ihren über 90.000 Einwohnern. Vor mir im Bus, an einem kleinen Bistrotisch, sitzen zwei ältere Herren mit grauen Bärten, die sich über ihre Wallfahrt nach

Santiago unterhalten. Genau in diesem Moment, beim Anblick der beiden Herren fällt mir dazu etwas ein, und zwar eine Sache, die mich schon einige Male beim Pilgern auf dem Camino fasziniert hat. Eigentlich ist es witzig und geht mich überhaupt nichts an. Doch es ist eine Tatsache, dass manche Männer üppig wuchernde, häufig auch noch struppige Bärte und Kopfhaare tragen, wodurch dann einzelne dieser Männer sehr ungepflegt wirken. Dabei habe ich jedoch keine Ahnung, was diese Herren eigentlich mit dem Tragen ihres Rauschebarts bezwecken? Ist es nur ein argloses Zurschaustellen ihrer Haarpracht, die sie ja auch zuhause tragen. Ist es einfach eine Art Faulheit, sich auf der Pilgerreise zu rasieren, oder ist es möglicherweise ein Hinweis auf die ersten Pilger aus dem Mittelalter, die ja ähnlich aussahen? Vielleicht ist es aber auch letztendlich ein Anzeichen auf einen möglichen intellektuellen Hintergrund dieser Menschen? Natürlich liegt es mir absolut fern, irgendeinen dieser Männer mit meiner Feststellung über Bärte zu diffamieren. Wer bin ich eigentlich?

Ein Nichtbartträger! Steht mir da so ein Urteil überhaupt zu? Und übrigens, alle Bartträger, die ich auf meiner Pilgerreise kennengelernt habe, sind und waren durchwegs nette, oft gemütliche und freundliche Herren, mein Freund Paul gehört ja auch dazu.

Meine beiden Nachbarn an dem Bistrotisch gehören jedenfalls eher zur letzteren Gruppe. Einer der beiden ist ein älterer pensionierter Bahninspekteur, sein Gegenüber ein freier Architekt, wie ich ihren Gesprächen entnehmen kann. Anscheinend haben sie sich erst hier im Bus kennengelernt und unterhalten sich jetzt sehr angeregt über ihre Erlebnisse auf der Wallfahrt. Der Ältere drückt dann auch gerade seine Sorge über die touristische Vermarktung oder, wie hier in Santiago, die Kommerzialisierung der Wallfahrt aus. Natürlich ist dieser Umstand auch mir aufgefallen, ich denke jedoch, dass bei einer Anzahl von weit über 100.000 Pilgern in den letzten Jahren derartige Auswüchse gar nicht so leicht in den Griff zu bekommen sind, besonders da ja auch viele Menschen von dieser erfolgreichen Entwicklung ganz gut leben.

Mich hat jedenfalls diese quirlige und ein wenig überschäumende Stimmung in der Altstadt Santiagos mit ihren kleinen urigen Lokalen sehr beeindruckt. Lokale, die zum Teil unter schönen Arkaden liegen, die in einigen Sträßchen einen Teil des Gehwegs überdachen. Mittendrin geschäftstüchtige Händler, die Jakobsmuscheln, Hüte, Anstecker und verzierte Pilgerstöcke als Andenken verkaufen, daneben schimpfende

Fremdenführer, die verzweifelt versuchen, mit hocherhobenen Schirmen oder Tafeln ihre Schäfchen zusammenzuhalten, und dazwischen eingeschüchterte Jakobspilger, die nun endlich, erschöpft, aber glücklich, am Ziel ihrer Wallfahrt angekommen sind.

Selbst in dieser kurzen Zeit habe ich hier schon vieles gesehen, was meine Gefühle für diese Stadt mit ihrem pulsierenden Leben und den Menschen darin besser zu verstehen hilft. Menschen, einerseits streng gläubig und traditionsbewusst, sind sie doch andererseits locker und immer auf einen schnellen Euro aus.

Gestern Abend habe ich noch mit meinem Freund Rolf telefoniert, der schon am Kap Finisterre angekommen ist. Nachdem er gehört hat, dass ich gut in Santiago angekommen bin und heute mit dem Bus ans Kap fahre, haben wir uns gleich in Finisterre am Ende der Welt verabredet.

Die Kulisse draußen hat sich inzwischen verändert, waren es vorher noch städtische Gebäude, sind wir nun schon in einer eher ländlichen Gegend mit niederen Häusern angekommen. Die beiden Herren vor mir haben unterdessen das Thema Landflucht der Bauern aufgegriffen, auch darüber habe ich mit Paul und Hein immer wieder auf unserer Wanderung diskutiert. Uns sind ebenfalls die kleinen Parzellen der Äcker und Wiesen aufgefallen, die früher unter allen Geschwistern aufgeteilt wurden. Dadurch war es einfach nach kurzer Zeit nicht mehr möglich, dass die zu kleinen Flächen ihre Erben ernähren konnten.

Die Folge war bittere Armut, die viele Einwohner nach Südamerika auswandern ließ. Für mich zählt Galicien auch heute noch zu den ärmeren Regionen Europas. Mit dem bisschen Landwirtschaft und Fischfang sowie der wenigen Industrie lassen sich keine Reichtümer erwirtschaften. Von meinen beiden Sitznachbarn höre ich dazu gerade, dass die Regierung inzwischen wenigstens die Parzellenteilung der Grundstücke verboten hat. Ich glaube, ich muss kurz eingenickt sein, und wache auf, als wir scharf rechts auf die Landstraße 550 abbiegen. Gerade kommen wir durch den kleinen Ort „Noya" mit seinen vielen alten und historischen Gebäuden.

Von draußen riecht es durch ein offenes Fenster im Bus nach Salzwasser. Sind wir schon am Meer? Ich sehe schnell in meinem neuen Reiseführer nach: Noya war früher Hafenstadt, bis das ganze Meerwasserbecken versandete und verschlickte. Davor landeten hier viele Schiffe mit Jakobspilgern aus England, Frankreich, den Niederlanden und Portugal. Die Stadt liegt am äußersten Inlandseinschnitt, der „Ría de Muros e Noya". Die Ría ist ein besonderer Küstentyp, eine schmale, tief in das Land eindringende Meeresbucht. Im Gegensatz zu Fjorden wurde eine Ría nicht durch Gletscher gebildet, sondern Rías gehen vielmehr aus flachen Flusstälern hervor.

Wenn die Strecke weiterhin so viel Neues und Unvorhergesehenes mit sich bringt, muss ich wohl eine Stunde Geografie und Geschichtsunterricht einlegen! Nach den letzten Häusern fahren wir über den breiten „Río Tambre", einen Fluss, der in die große Bucht mündet. Kurz darauf, in dem kleinen Örtchen „A Serra de Outes", biegen wir scharf nach links ab, um später entlang des stark überwachsenen breiten Meeresarmes parallel zur alten Strecke zu fahren. Von überall her fließen kleine Rinnsale in das große moorige Landstück, es riecht nach Brackwasser. Vorbei an Äckern, Wiesen und einem kleinen Wäldchen kommen wir nach „Figureoa", hier geht die braune Brühe in ein breiteres blaues Gewässer über, das vermutlich zum offenen Meer führt. Das „Ende der Welt, Fin del Mundo, Kap Finisterre oder galicisch Cabo Fisterra" ist nahe!

In „Ribeira" kommen wir am ersten kleinen Hafen vorbei. Kurz davor sind mir im Wasser die ersten „Bateas", künstliche Muschelzuchtinseln aus großen rechteckige Holzgittern oder Kästen, aufgefallen. An langen, an den Gittern befestigten Unterwasserseilen reifen hier köstliche Jakobs-, Miesmuscheln oder vielleicht auch Austern heran.

Nach dem Ort geht es jetzt immer in Sicht auf das linkerhand liegende Meer durch lichte Wälder und Heiden. Manchmal fahren wir auch an Gruppen schwarzverbrannter Baumstämme vorbei, die hier an frühere, manchmal auch selbstgelegte Buschfeuer zur Baulandgewinnung erinnern. Eifrig fotografieren meine Mitfahrer die verkohlten Baumstümpfe. Kurz vor und nach „Portino de Majo" sehe ich die ersten hellen, kleinen Sandstrände. Als Nächstes durchfahren wir einige winzige, dicht hintereinanderliegende Ansiedlungen bis zum ersten richtigen Hafenbecken, das an einem Flusszulauf liegt und durch eine Landzunge versperrt ist. Fast übergangslos geht es nun an vielen Hausansammlungen, Wiesen und Äckern vorbei, immer wieder kommt jetzt das Meer und kleine Sandstrände in Sicht.

Und nochmals kleine Dörfer, „Boavista, Anido, Portugalete", und dazu Schiffe in größeren Hafenbecken, kurz darauf sehen wir auch schon die ersten Häuser von „Muros". Ich blättere schnell wieder in meinem Reiseführer: Die originelle Stadtstruktur von Muros und der architektonische sowie der archäologische Wert der Sehenswürdigkeiten brachten dem Ort 1970 die Auszeichnung „Kulturhistorisches Denkmal".

Es ist eine beeindruckende kleine Stadt mit viel Geschichte, deren Häuser auf die große Meeresbucht blicken. Im Jahr 1544 wurde hier vor der Küste eine französische Flotte von den Spaniern versenkt. Dagegen brannte ein General Napoleons 1809 im spanischen Unabhängigkeitskrieg gegen die Franzosen 185 Häuser des Städtchens nieder. Nachdem wir kurz hinter „Muros" den langen Sandstrand von San Francisco passieren, kommen wir durch die Kleinstadt Louro. Der dazugehörende Leuchtturm, der „Punta do Louro", steht auf einem fast unzugänglichen Felsen. In der Nähe befinden sich auf dem Hochplateau von „Eiroa" die Steinzeichnungen megalithischer Reliefkunst von „Laxe de Rodas" mit interessanten kreisförmigen Figuren. Ab hier fahren wir an der sogenannten „Costa de la Muerte", der Todesküste entlang, so genannt wegen der vielen Schiffsunglücke, die sich im Laufe der Jahrhunderte durch Riffe, Strömungen und Nebel vor dieser Küste zugetragen haben. So muss der Meeresgrund vor der auf galicisch genannten „Costa da Morte" mit Schiffswracks übersät sein, mich schaudert, wenn ich an die vielen Menschen denke, die dabei elend ertrunken sind. Von hier oben sieht das Meer so friedlich aus, nur da, wo die Felsen bis ans Wasser reichen, sieht man viele kleine, irgendwann tückische Schaumkronen.

Die Strecke verläuft jetzt durch Wiesen, Felder und kleine Wäldchen, vorbei an Gandara und Lanno, dann wieder Felder und Wiesen bis zu einer ganzen Kette von kleinen hintereinanderliegenden Ansiedlungen. Im Grunde genommen sind die kleinen Weiler, durch die wir fahren, eigentlich eintönig und langweilig, das nächste größere Städtchen, in das wir kommen, ist Carnota. Hier und in Lira sollen sich die größten Horreos Galiciens mit über 33 m Länge befinden, vom Bus aus war jedoch keiner zu sehen. Ab hier bis Caldebarcos fahren wir an einem kilometerlangen Gemisch aus Lagune und Strand vorbei. Nach einer weitgezogenen Rechtskurve befinden wir uns in der breiten, bogenförmigen Meeresbucht, der „Ría de Corcubión".

Schon seit Muros sehen wir auf den Bergkuppen rechterhand immer wieder Windkraftanlagen, die modernen Bauten der alternativen Energiegewinnung. Gegenüber, ein wenig im Dunst, liegt der Bergrücken des Kap Finisterre. Nach Quilmas mit seinem abseits gelegenen Hafen und dem Ort O Pindo fahren wir über den Río Xallas, dessen Wasser zur Stromgewinnung genutzt wird, wie man an den riesigen Fallrohren sehen kann, die vom Berg zum Turbinenhaus herunterkommen. Vorbei an Ezarro geht es durch ein Waldstück und ein paar kleinere Ansiedlungen wieder direkt ans Meer. Hier stoßen wir auf etliche sehr große Hallen, aus einigen Schloten kommt dunkler Rauch, es stinkt hier wie ein Stahlwerk. Den Geruch kenne ich und werde ihn auch nie vergessen, denn ich habe Anfang der sechziger Jahre in meiner damaligen Stellung als Monteur von Düsseldorf aus im Siegerland und dem ganzen Ruhrpott bis hoch zur holländischen Grenze gearbeitet.

Durch einige riesige Öffnungen in den Hallen sieht man Arbeiter vor glühenden Öfen hantieren. Dazu habe ich aus meinem schlauen Buch gerade erfahren, dass hier mit Metallcarbiden gearbeitet wird. In einiger Entfernung ankert ein mächtiges Frachtschiff. Gleich nach dem großen Hafenbecken fahren wir an einer Schiffswerft vorbei, in der „Low Tonnage"-Schiffe, also kleinere Schiffe, gebaut werden, bevor wir dann in das Städtchen „Cee" kommen. Auch hier wurde die idyllische Küste leider von der Industrialisierung erobert, doch die Bevölkerung lebt ja vor allem von der Arbeit in eben dieser Industrie. Daneben sind noch ein paar Menschen in der Fischerei und der Landwirtschaft beschäftigt. Wir fahren in dem Städtchen auf einen kleinen Platz, zur „Estación de Autobuses". „Cee" scheint der Busknotenpunkt der Gegend zu sein.

Mir ist während der Fahrt aufgefallen, dass aus dem fast vollbesetzten Bus immer wieder einheimische Personen mitten auf der Strecke aus- oder zugestiegen sind, die einfach so und ohne zu bezahlen mitgenommen wurden, um nach ein paar Stationen wieder aus dem Bus zu verschwinden. Eine noble Geste des Busunternehmers.

Während des 5-minütigen Aufenthaltes konnte ich kurz per Handy meinen Freund Rolf am Kap erreichen und habe ihm meine Ankunft um etwa halb elf Uhr angekündigt. Leider kann er mich nicht abholen, weil er auf der anderen Seite der Halbinsel ist. Wir haben einen nochmaligen Anruf in Finisterre ausgemacht. Nach der Weiterfahrt kommen wir beinahe übergangslos in die nächste hübsche Kleinstadt „Corcubión", von der die Ría ihren Namen hat. Auch hier wieder ein Ort mit fast ländlichem Charakter und sehr viel Tradition. Derselbe französische Marschall Ney, der schon 1809 Muros abgefackelt hatte, zerstörte auch dieses Städtchen und tötete viele seiner Bewohner. Nach einer kurzen kurvigen Strecke über Land kommen wir wieder in Meeressichtweite über Sardineiro-Debaixo, Anchoa mit seinem langen Sandstrand und San Roque endlich nach Finisterre. Und das nach einer Gesamtfahrzeit von über zweieinhalb Stunden für die fast 100 km. Juhu! Dazu hätte ich „per pedes" natürlich viel länger gebraucht.

Wir halten an einem kleinen Platz bei einem Denkmal in der Ortsmitte; nach dem Aussteigen rieche ich, trotz des Dieselgestankes unseres Busses, das Meer, es ist nur 100 m entfernt. Obwohl der Doppelstock-Bus voll besetzt war, zerstreuen sich die Leute sehr schnell. Ich gehe langsam abwärts zum Meer und dann eine Treppe runter zu einem Bootsstrand, bücke mich und fasse in das Wasser. Langsam führe ich die Finger zum Mund, um daran zu riechen und zu lecken, es ist wirklich das Meer. Nach rechts blickend sehe ich auf einem Vorsprung in etwa 300 m Entfernung eine Art Kastell, und da steure ich hin. An dem Tor steht „Bienvenido en el Castillo de San Carlos" – „Willkommen im Kastell San Carlos". Durch einen kleinen Garten komme ich zu einer geöffneten Tür, Stimmengewirr

dringt heraus. In dem großen Raum stehen die lebensechten Figuren eines Fischers und seiner Frau, um die herum sich eine Gruppe Touristen geschart hat. Ein kleiner Mann erklärt in einem Kauderwelsch aus Spanisch, Englisch und Deutsch die schwere Arbeit der Fischer hier an der galicischen Küste. Aha, ich bin also in einem Museum gelandet.

Überall sind Tafeln und Bilder aufgestellt, in der von der Frühzeit bis heute die Fischerei erklärt und gezeigt wird. Angefangen bei den verschiedenen Fangmethoden mit Netzen, Angeln und Reusen bis zur Konservierung, dem Einsalzen, Räuchern und Marinieren sowie dem Dörren und dem Aufbewahren der Fische.

Sogar Walfang wurde hier betrieben, die Wanderwege der großen Meeressäugetiere liegen ja direkt vor der Küste Galiciens. Eine der letzten Walverarbeitungsanlagen hier auf dem Festland in „Canelinas" bei Cee wurde erst 1985 geschlossen. Während der letzten Schicht im Jahr der Schließung fing und verarbeitete man in diesem Werk noch über 300 Wale. Nebenan, auf einer großen Schautafel, wurden über 180 Schiffbrüche aufgelistet, darunter der Untergang eines Teiles der „Spanischen Armada" im Jahr 1596 mit über 1700 Toten vor Finisterre. Auch die übrigen Schiffsunglücke an dieser „Todesküste" vor dem Kap und in den großen Buchten der Ría de Muros e Noya und der Ría de Corcubión waren aufgrund schwieriger Windverhältnisse, vorgelagerter Felsen und plötzlicher Nebelbänke sehr zahlreich. Spektakulär war der Untergang des Chemie-Frachters „Cason" mit 23 toten Seeleuten am 5. Dezember 1987, bei dem die Orte „Fisterra, Cee und Corcubión" wegen Seuchengefahr evakuiert werden mussten. Die letzte große Schiffshavarie, welche die Küste traf, war am 10. November 2002, als der Großtanker „Prestige" mit über 77.000 Tonnen Öl leckschlug, versank und ein riesiger Ölteppich die Küste Galiciens verseuchte.

Ich hätte noch stundenlang zuhören können, aber ich wollte doch noch zum Leuchtturm am Kap, und so machte ich mich wieder auf den Weg. Inzwischen hatte ich schon ein paarmal versucht, mit dem Handy meinen Freund Rolf zu erreichen, aber ich bekam einfach keinen Empfang. Heute ist ein heißer Tag, und der stetig ansteigende Weg auf der Asphaltstraße zur großen Seeleuchte ist mühsam und beschwerlich. Auch mein Bein will nicht so recht mitmachen, aber da muss ich jetzt durch. Viel mehr mache ich mir Sorgen, dass Rolf nicht erreichbar ist! Irgendwann überholt mich ein junger Pilger, der freundlich mit „Buen Camino" grüßt. Wir kommen ins Gespräch und er erzählt mir, dass er aus Düsseldorf kommt, Lars heißt und vor über zwei Monaten in Frankreich in „Saint-Jean-Pied-de-Port" losgelaufen ist. Er hat bei seiner Pilgerreise viele nette Menschen oder Gruppen kennengelernt, mit denen er dann oft ein paar Tage zusammen unterwegs war: „Alles in allem war es für mich eine sehr schöne Zeit und eine ganz neue Erfahrung, alleine und nur auf sich selbst gestellt zu leben", so erzählt er mir. Als er mich dann fragt, warum ich humple, muss ich ihm halt die Story mit meinem Bein erzählen und dass ich jetzt das letzte Stück mit dem Bus gefahren bin. Er freut sich mit mir, als wir den Leuchtturm erreichen. In dem Gebäude, in dem das Leuchtfeuer untergebracht ist, befindet sich gerade eine Gemälde-Ausstellung und eine Tafel mit den Daten des Leuchtturmes: Erbauung im Jahr 1853, Ergänzung 1883, durch den Einbau einer Sirene: „La Vaca, der Kuh" sowie 1922 einer Funkanlage, die Lichtreichweite beträgt etwa 50 km. All das sehen wir uns zusammen an, bevor wir in dem dazugehörenden Lokal zwei Bier trinken, die wir uns gegenseitig spendieren. Ein gegenüber sitzender bärtiger Herr grüßt mich freundlich, es ist einer meiner Busnachbarn, der mit einer netten Frau am Nebentisch sitzt. Wir wechseln noch einige Worte, ehe ich mich zusammen mit Lars auf den Weg zurück nach Fisterra mache. Runter geht´s schneller, es ist ein wenig kühler geworden und vom Meer her weht eine leichte Brise, die dreieinhalb Kilometer sind bald geschafft. Bei einer alten Kirche verabschiedet sich Lars von mir, seine Pension liegt in der Nähe. Die Kirche ist, wie so oft Kirchen auf dem Caminó, leider verschlossen, doch ein freundlicher Nachbar, vielleicht der Mesner, schenkt mir dafür ein Heiligenbildchen.

Etwa 200 m weiter, die Straße runter, steht vor einem Haus eine Menschenansammlung. Neugierig wie ich bin stelle ich mich dazu, durch die geöffnete Tür sieht man in den Innenraum. Es sieht aus wie in einer Touristinformation. Eine Wanderkarte dieser Gegend wäre nicht schlecht, denke ich. Die Menschen in der Schlange sind alles Pilger. Kurz bevor ich an der Reihe bin, bemerke ich, dass hier so eine Art Compostela ausgegeben wird. Na mal sehen, die Frau am Schreibtisch mustert mich prüfend, bevor sie mich fragt: „De donde nación esta ustedes", aus welchem Land kommen Sie? „Soy del Sur de Alemania", „aus Süddeutschland", antworte ich und reiche ihr meinen Personalausweis. Und wo waren Sie heute, „de donde esta hoy"? „Estaba en Cabo Fisterra", antworte ich und zeige ihr den letzten Stempeleintrag in meinem Credencial. Dann fragt sie mich, wo ich hier wohne: „Donde residir usted aquí", und ob ich schon eine Unterkunft hätte. Als ich das verneine, gibt sie mir noch einen Tipp für eine Pension und trägt dann, langsam und akribisch, in das Dokument meinen Namen ein.

Wenn das kein Glücksfall ist? Ich friere innerlich, schon alleine deswegen, weil vor mir einige Leute abgelehnt wurden, die auch wie ich mit dem Bus hergekommen sind. Gemächlich gehe ich über den Platz mit dem Denkmal, an dem ich vor einiger Zeit aus dem Autobus gestiegen bin. In einer Seitenstraße in dem gemütlichen Restaurante des Hostal „Lopez" bestelle ich mir erst einmal ein Glas Albarino und schaue mein Dokument an, dann versuche ich noch einmal meinen Freund Rolf zu erreichen. Wieder kein Netz, das kann doch überhaupt nicht sein!

Auf dem Zettel mit den Fahrzeiten, die mir der Nachtportier im Hotel gegeben hatte, ist auch die Abfahrtszeit des Busses, „Sábado 16.00 hora" aufgezeichnet. Dann habe ich noch eine gute Stunde Zeit bis zur Abfahrt. Langsam schlendere ich zur Bushaltestelle und setze mich auf die Terrasse eines Gasthauses gegenüber, als mir eine junge Frau zuwinkt. Es ist Heike, mit der ich zuletzt gemeinsam mit ihrem damaligen Pilgerpartner Karlheinz in der Pension „Don Alvaro" in Sarria zusammen war. Sie hatten ein tolles Fischgulasch gekocht und mich mitsamt meiner Flasche Rotwein zum Essen eingeladen. Hm, bei dem Gedanken an das Fischgulasch läuft mir heute noch das Wasser im Munde zusammen.

Heike sieht braungebrannt, aber ein wenig verlebt aus, als ich sie nach Karlheinz frage, zuckt sie nur mit den Schultern. Wir stoßen mit zwei Gläsern Albarino auf unsere erfolgreiche Pilgerreise und eine gute Heimfahrt an, sie selber will jedoch noch einige Zeit hierbleiben. Sie hat am Strand von einer Freundin ein Zelt mit Kochgelegenheit übernommen, na ja, jeder wie er es mag! Wir haben so einiges über Land und Leute, verloren geglaubte und wiedergefundene Freunde zu quatschen. Als ich später nochmals telefonisch versuche, meinen Freund zu erreichen, sagt sie mir gleich, dass die Handy-Verbindung hier miserabel wäre. Schade, Rolf, ich hätte dich so gerne noch mal getroffen, aber es soll wohl nicht sein, denke ich!

Gegenüber auf dem Platz ist mein Bus vorgefahren. Heike und ich nehmen uns kurz in die Arme, und mit einem Küsschen auf die Wangen verabschieden wir uns voneinander, noch ein kurzer Blick zum Hafen und ein langer in die Runde, ob Rolf nicht doch noch von irgendwoher um eine Ecke geeilt kommt, dann steige ich ein. Ciao „Cabo Fisterra", ciao „Fin del Mundo" – und was für ein Ende der Welt.

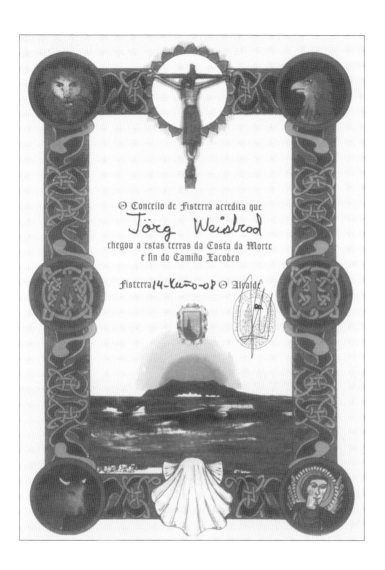

Der Quereinsteiger zum Ende der Welt - 9

Kap Finisterre, Finis terrae, Ende der Welt,
Santiago de Compostela – Stadt der Träume

Schade, ich bin wieder auf der Rückfahrt vom Kap Finisterre nach Santiago, sitze im Bus und sehe ein wenig niedergedrückt aus dem Fenster. Das wars also, jetzt hatte ich endlich eines meiner Reiseziele, das „Ende der Welt, Fin del Mundo" erreicht, und das nur, um es auch gleich wieder zu verlassen.

Es war ein schöner Trip, interessant, doch leider viel zu kurz, um diese Masse an Informationen zu verarbeiten. Einige dieser Orte wären allein schon einen Besuch wert gewesen. Die Landschaft, die ich heute Morgen von vorne nach hinten gesehen habe, läuft jetzt in umgekehrter Reihenfolge von hinten nach vorne an mir vorbei. Es ist erst früher Nachmittag, dennoch habe ich heute schon einiges erlebt!

Meine beiden bärtigen Sitznachbarn vom Vormittag sind mir nicht mehr begegnet, vielleicht sitzen sie oben im Doppeldecker. Langsam, fast andächtig hole ich aus der Plastikhülle mein Diplom. Darin bestätigt mir die Gemeinde Fisterra, dass ich am 14. Juno 2008 den „Camino Francés" über Santiago hinaus, an die Costa da Morte, die Todesküste, bis zum „Finis terrae", dem Ende der Erde, gegangen bin.

Meine jetzige Busnachbarin, die Frau, die heute Mittag im Leuchtturm am Nebentisch gesessen ist, schaut interessiert auf das Dokument und fragt: „Was ist das, darf ich es auch einmal ansehen?" Ich reiche ihr die Urkunde, sie betrachtet sie länger und sagt dann: „Wann haben Sie diese Bescheinigung erhalten, und woher?" Ich zeige auf den Stempel und sage: „Vor etwa zwei Stunden in Finisterre auf der Gemeindeverwaltung", und erzähle ihr dann meine Geschichte. „Oh, da haben Sie aber viel Glück gehabt", war dazu ihr Kommentar.

Kann denn an so einem Stück buntem Papier so viel Glück hängen? Den Rest der Busreise unterhält sie mich auf amüsante Art über ihre Pilgerfahrt, sie war eine der vielen Buspilgerinnen und hatte viel Schönes erlebt, wie sie sagt! Ihre Wallfahrt mit der Gruppe war vor ein paar Tagen in Santiago zu Ende gegangen, und darum hatte sie bis zu ihrem Rückflug noch genügend Zeit, sich ein wenig die Gegend anzusehen.

Nachdem sie sich in Santiago mit seinen vielen Kirchen und Sehenswürdigkeiten gründlich umgesehen hatte, war sie als Nächstes in Noya mit seinem historischen Stadtkern und dem interessanten Friedhof „Quintana dos Mortos" gelandet. Dieser Totenacker gilt als geheimnisvoll und einzigartig in ganz Spanien, allein schon wegen seiner Grabsteine aus dem 10. Jh., in welche die Insignien der verschiedenen Zünfte oder Wappen von Familien der Beerdigten eingemeißelt sind. Noch am selben Tag ist sie von Noya aus mit ihrem Leihwagen nach „Porto do Son" gefahren, um sich dort in der Nähe, direkt am Meer, eine große keltische Befestigungsanlage, das „Castro Barón" anzusehen, welche ihr aufgrund des guten Erhaltungszustandes besonders gefallen hat. An das Kap Finisterre kam sie mit dem Bus, nur schon einen Tag früher als ich. Sie erzählt mir von einer schmutzigen kleinen Pension, ein wenig außerhalb des Ortes: „Und von wegen Frühstück, nur so ein blödes Croissant lag auf dem Teller!" Ich muss lachen und erzähle ihr, dass diese blöden

Croissants viele Tage lang mein einziges Frühstück waren. Die Reisegesellschaft, mit der sie diese Wallfahrt unternommen hatte, muss die Tour anscheinend sehr gut vorbereitet haben, denn sie konnte die gesamte Planung nur loben. Ihre Hotels waren, genau wie das Essen, immer nur erstklassig. Auch die Wanderungen auf dem Camino, meistens zwischen 10 bis höchstens 15 km, und das mit leichtem Gepäck, waren toll. Sie war jetzt zum dritten Mal mit dabei und hatte in diesem Jahr ihr Ziel Santiago erreicht. Mit leicht hochgezogenen Knien in ihren Sitz gekuschelt, sah sie so richtig glücklich und zufrieden aus. Dann erzählte sie mir vom plötzlichen Tode ihres Mannes und der anschließenden Leere in ihrem Leben, das ihr auf einmal so sinnlos vorkam. Irgendwann hat sie dann zusammen mit einer Bekannten den Entschluss gefasst, nach Santiago zu pilgern. Nach einem halben Jahr Training haben es die beiden Frauen riskiert und sich einem Reiseunternehmen angeschlossen mit dem Ziel, das Grab des heiligen Jakob in Santiago zu sehen. Auf meine Frage: „Sind Sie denn aus christlichen Motiven gepilgert?", antwortete sie spontan: „Anfangs nicht, aber wie so vieles im Leben kommt oft die Erfahrung erst mit dem Alter oder mit der Zeit, in der man über eine Sache nachdenkt. Bei mir war es so, denn ich habe in Santiago ein richtiges Glücksgefühl verspürt."

Und das bei einer Bus- oder Edelpilgerin, denke ich, aber so kann man sich täuschen. Obwohl, war ich denn eigentlich etwas anderes, ich bin doch auch einige Male Bus und Taxi gefahren. Daraufhin erzähle ich ihr auch von mir, dem Protestanten, der nur so aus Spaß, ungeübt und nur um einen Freund zu treffen, die Pilgertour auf sich genommen hat, der dabei zweimal ziemlich auf die Schnauze gefallen ist und trotzdem, oder vielleicht gerade deswegen, seine eigene Wallfahrt dann hier am Kap zu Ende gebracht hat. Auch ich bin froh darüber, sage ich zu ihr, und eines ist für mich ganz sicher, in den Zeiten, wo ich vor Schmerzen ans Aufgeben gedacht habe, da hat mir mein Schutzengel immer Mut gemacht, nicht aufzuhören.

Wir schweigen eine Weile, es ist irgendwie komisch, einem wildfremden Menschen von seinen Empfindungen zu erzählen, doch ich glaube, in diesem Moment waren wir uns nicht fremd.

Musik erklingt aus meinem Handy, es ist mein Freund Rolf: „Jo Jörg, wos isen passiert, worum host me net angrufen?" Darauf erzähle ich ihm von meinen diversen Versuchen, ihn am Kap zu erreichen, und auch von dem Gespräch mit Heike, die mir ja von den schlechten Handyver-

bindungen in Finisterre erzählt hat. Auch Rolf muss mir dann diese Tatsache bestätigen, und wir beschließen, sobald wir wieder zuhause sind, uns gegenseitig anzurufen. Schade, so direkt nach unseren Erlebnissen und der beendeten Pilgertour hätten wir uns sicher mehr zu erzählen gehabt.

Draußen fahren wir gerade über den Río Tambre, kurz vor Noya, das blaue Meer ist hier am Ende der Bucht inzwischen dem braunen Brackwasser gewichen. Noch einige verstreute Gebäude und dann sind wir schon wieder zurück in Noya, dem kleinen Ort mit der großen Geschichte. An der Kreuzung mitten im Städtchen biegen wir diesmal scharf links ab, auf die Autostraße AC 311. Adios, blaues Meer, adios Ría de Muros e Noya. Auch meine Nachbarin schweigt und hängt ihren Gedanken nach. Die Gegend, durch die wir jetzt fahren, ist nach der abwechslungsreichen Landschaft am Meer langweilig, doch bald sehen wir aus der Entfernung schon die ersten größeren Bauten, langsam kommt die Metropole Santiago in Sicht. Dann erzählt mir die Frau, dass sie noch vier Tage hierbleiben will, sie hat noch einiges vor, so will sie zwei Tage und eine Nacht als Gast in einem Nonnenkloster verbringen. Ich bin mal gespannt, ob sie das schafft, irgendwann will sie mir darüber schreiben. Wir fahren an Eisenbahngleisen vorbei, die über uns auf einer Rampe verlaufen. Kurz darauf lassen wir auch schon den Bahnhof, einen vorgesetzten Neubau, hinter uns. Leider trennen sich unsere Wege kurz darauf in der „Estación de Autobuses", dem Busbahnhof. Hier muss ich mich von meiner netten Nachbarin verabschieden, es war ein höchst angenehmer Nachmittag. Auf dem großen Platz vor dem Busbahnhof habe ich zuerst einmal Orientierungsprobleme, bevor ich die Haltestation der Linie 5 finde. Der Autobus fährt, wie heute Vormittag, entlang der Altstadt zum Hotel Fornos am „Praza García", in der Unterkunft lege ich mich zuerst mal auf mein Bett und lasse den Tag noch mal Revue passieren. Um 19 Uhr rufe ich meine beiden Freunde an, Kuddel ist auch gleich am Handy, sie logieren in einem Hostal ganz in der Nähe der Kathedrale, und da wollen wir uns dann gegen Viertel vor acht treffen.

Als ich an das Hostal komme, stehen die beiden Kumpels schon vor der Tür und erwarten mich. Auf der anderen Straßenseite gegenüber ist das dazugehörende Restaurant, und dort setzen wir uns ins Nebenzimmer. Eine wilde Fragerei geht los, wie wars bei dir, wie wars bei euch, alle reden durcheinander. Die beiden haben am Freitag in der Herberge auf dem „Monte do Gozo" übernachtet und sind heute in aller Ruhe in Santiago einmarschiert. Gegen 11 Uhr haben sie sich registrieren lassen und ihre Compostela in Empfang genommen. Das kleine Hotel haben sie am Mittag durch Zufall gefunden. In der Glotze läuft das Fußballspiel einer einheimischen Mannschaft und davor sitzt der „Herr der Fernbedienung", der Seniorchef des Hauses. Wenn seine Mannschaft irgendeinen Fehler macht oder ein Foul passiert, flucht er laut und spielt wie wild mit der Fernbedienung in allen Kanälen rum. Uns ist dieses Theater bald zu dumm, und nach einer Weile machen wir uns auf in Richtung Altstadt.

Wir finden eine kleine, gemütliche Bodega, in der Kuddel und ich einige Glas Wein probieren, Paul bleibt bei Mineralwasser, wir schwelgen in Erinnerungen an unsere Pilgertour. Auf einmal sagt Paul: „Könnt ihr euch noch an die drei Radfahrer erinnern, die kurz vor Portomarín auf dem schmalen Weg im Wald an uns vorbeigerast sind. Wir mussten ja ganz schnell auf die Seite springen. Kurz darauf hörten wir doch einen Schrei, und als wir die Radler erreichten, lag der Erste von ihnen in einem Bach. Nachdem seine Kumpel gesehen haben, dass ihm nichts Ernsthaftes passiert ist, Mann, haben die vor Schadenfreude gelacht und sich dabei wie wild auf die Schenkel geklopft. Gott sei Dank hatte der Bursche keine größeren Verletzungen, sondern nur nasse Klamotten und ein paar leichte Schrammen."

Auch wir müssen momentan lachen, als wir uns das Bild des belämmerten Radfahrers im Bach wieder vor Augen führen. Dann sagt Paul weiter: „Ich habe mir, bevor ich auf den Camino zum Pilgern gegangen bin, etliche Seiten aus dem Internet kopiert, darunter war auch ein Artikel über ein Tal, und den lese ich euch jetzt mal vor. Das ‚Valle de las Brujas', das Tal der Hexen, durchquert man auf dem Weg nach Portomarín. Dort, erzählt man sich unter Pilgern, häufen sich Stürze, Verirrungen und Panikattacken. Eine Erklärung gibt es dafür nicht, manche Menschen vermuten, dass es sich dabei um eine Zone ‚gestörter Energie' handelt!" – „Meint ihr, der Sturz des Radfahrers hatte etwas mit dem verhexten Tal zu tun?" frage ich. „Wissen kann man so etwas nie genau, aber ich glaube nicht an Gespenster", ist Kuddels Kommentar.

„Wenn wir schon von Geistern reden, möchte ich euch dazu auch eine Geschichte von meiner Großmutter, einer Frau aus der Großstadt, geboren 1886 in Kassel, berichten", sage ich. „Sie hat das Erlebnis mir und meinen zwei Brüdern oft genug erzählt. Meine Großmutter war als junges Mädchen Hausangestellte bei einer Familie in Norwegen, im Winter war es dort üblich, zusammen mit den Kindern und befreundeten Ehepaaren Schlittenpartien zu machen. Damals war es auch mal wieder so weit und die ganze Gruppe traf sich oben auf einer tief verschneiten Bergstraße. Bei der Abfahrt herrschte dichter Nebel, doch unter lautem Gejohle ging es los. Nach der halben Strecke, der Nebel wurde immer dichter, kam ein Mann mit einem Licht, das er hin und her schwenkte, direkt auf die Rodler zu. Meine Großmutter saß mit den Kindern auf dem dritten Schlitten und beim Abbremsen gab es einen ziemlichen Rempler, einige flogen in den Schnee.

Als die Gruppe den Mann zur Rede stellen wollte, war er verschwunden, in dem tiefen Schnee waren auch keine Fußspuren von ihm zu finden. Zwei Männer liefen dann den einsamen Fahrweg runter und fanden nach wenigen Metern keine Straße mehr, der ganze Hang war mitsamt der Straße abgerutscht. Hier hätten sie alle den Tod gefunden!" Wir drei sind ein wenig nachdenklich geworden. Mir knurrt auf einmal der Magen, dabei fällt mir ein, dass ich ja heute außer einem Apfel noch nichts gegessen habe. Als ich dann die beiden frage, ob sie mit mir in ein Lokal zum Essen gehen würden, lehnen beide mit der Begründung ab, dass sie schon im Hotel gegessen haben, und außerdem seien sie müde. Ich ärgere mich ein wenig, doch morgen früh, am Sonntagmorgen, wollen wir uns um 11 Uhr 30 in der Kathedrale zur Pilgermesse treffen. Also was soll´s, dann gehe ich eben alleine essen. Nicht weit weg finde ich ein von außen sehr einfaches Restaurant, das „O Gato Negro", Schwarze Katze, es ist

auch innen von einfachster Ausstattung, die Preise sind jedoch gesalzen. Als Vorspeise esse ich „Pimientos de Padrón", gegrillte grüne Paprikaschoten. Das Hauptgericht besteht aus „Pulpo a la mugardesa", Krake mit Kartoffeln, Paprika, Zwiebeln und Tomaten, abgeschmeckt mit Knoblauch. Mächtig, dazu trinke ich einen Cebreiro-Weißwein. Summa summarum für zusammen 19,- Euro. Viel Geld für eine einfache Abendmahlzeit. Es ist mein teuerstes Essen auf der ganzen Wallfahrt. Inzwischen ist es 23 Uhr, auch mich überkommt Müdigkeit. Da ich meine Tabletten immer pünktlich genommen habe, sind die Schmerzen in der Leiste erträglich. Im Hotel fragt mich der Nachtportier noch, wie mein Ausflug ans „Ende der Welt" war, „Gracias, mucho bonito", bedanke ich mich.

Mein Kopf ist noch voller Bilder und Gedanken, als ich darüber einschlafe. Am nächsten Morgen regnet es leicht, als ich aus dem Hotel auf die Straße trete. Im „Café Derby", das direkt an den Praza García grenzt, frühstücke ich zuerst einmal, zwei Tassen Kaffee, dazu Brötchen mit Butter und Marmelade, ein guter Anfang, denke ich. Das Gedränge auf den kleinen Straßen und Gässchen ist am Morgen noch nicht so stark, darum habe ich auch im Augenblick eher die Chance, mir die vielen, manchmal winzigen Läden und Kneipen anzusehen. In einem der kleinen Geschäfte entdecke ich hübsche Amulette aus einem schwarz glänzenden Material, ich vermute es ist Gagat, ein Stein, den man schneiden und bearbeiten kann. Früher hatten viele der Pilger Amulette oder Rosenkränze, die hier hergestellt wurden, aus diesem fossilen Rohstoff, lese ich dazu in meinem schlauen Buch.

Inzwischen regnet es heftiger, die Wege und Straßen glänzen vor Nässe und von überall her kommen kleine Rinnsale. Ich schaue auf meine Uhr, es ist zehn nach zehn. Da wir uns in der Pilgermesse treffen wollen, ist es jetzt Zeit, mich auf den Weg zu machen. Der Innenraum der großen Kathedrale ist schon gut besucht, trotzdem finde ich meine beiden Kumpel sehr schnell in der Menschenmasse. Auch hier ist es ähnlich wie am Freitagmorgen, allerseits sehen und begrüßen wir Bekannte.

Durch die offenen Türen kommen immer noch viele Pilger und Kirchenbesucher, die sich jetzt überall reindrängen. Wir haben nur Stehplätze, direkt hinter der mittleren Sitzreihe, aber mit guter Sicht auf das Geschehen, und da lassen wir uns nicht wegdrücken. Langsam wird es feierlich, eine Nonne mit schöner Stimme singt uns in spanischer Sprache die Lieder vor, die wir nachher mitsingen sollen. Dann begrüßt uns ein Priester in mehreren Sprachen. Dazwischen spielt die Orgel, der Ton in diesem riesigen Raum ist grandios. Ein anderer Priester hält die Predigt, dazwischen wird immer wieder gesungen. Natürlich nur von Spaniern, wir anderen hören einfach zu. Nach dem Segen eines anderen Priesters, so gegen Viertel nach zwölf, ist die Messe zu Ende, draußen nieselt es noch ein wenig. Durch die trockene Luft in der Kirche haben wir Durst bekommen und gehen in die nächste Kneipe. Thema Nummer eins ist momentan immer noch unsere Pilgerreise nach Santiago. Doch Paul und ich reden jetzt auch ab und zu von zu Hause, weil für uns der Abschied aus Spanien immer näher rückt. Paul sagt auf einmal, dass er sich daheim am meisten auf einen richtigen Hamburger, einen „Big Mac", und dazu ne Cola freut und Kuddel nickt auch dazu! Die beiden haben anscheinend Hunger. „Euren Wünschen kann ich abhelfen", sage ich und führe meine Kumpels zu einem „Burger King", welcher ganz in der Nähe meines Hotels liegt. War das ein Geschmatze, mir hat heute ein Salat völlig gereicht.

Als wir aus dem Lokal kommen, wagt sich gerade die Sonne aus den Wolken hervor, der Regen hat aufgehört. Wir beschließen, uns noch ein wenig mehr von der hübschen Stadt anzusehen, um die sich ein Kreis von gepflegten Grünanlagen zieht. Ganz in der Nähe ist ein Park „Caballeira de Santa Susana" und mittendrin ein kleines Kirchlein, viele Spanier picknicken hier. Es ist wunderschön und ruhig, trotz der Straßen in der Nähe. Wir setzen uns auf eine Bank und quatschen miteinander. Paul, der gestern noch mit dem Gedanken gespielt hatte, mit mir im Bus bis nach Kaiserslautern zu fahren und dann mit der Bahn nach Berlin, hat diesen Plan inzwischen aufgegeben. Stattdessen geht sein Zug am Dienstag von Santiago direkt über Paris nach Berlin, nach Hause. Kuddel, dessen Frau am Mittwoch mit dem Flugzeug aus Hamburg kommt, muss in einem anderen Hotel als vorgesehen absteigen, weil irgendetwas mit ihrer Reservierung nicht gestimmt hat.

Die beiden bedrängen mich immer wieder. Ich soll ihnen noch mehr von meinem Kurztrip ans „Ende der Welt" erzählen, Kuddel möchte mit seiner Frau inzwischen auch dorthin fahren. Nach einer Weile beschließen wir, uns noch einmal die Kathedrale anzusehen und schlendern hin. Wie schon die beiden letzten Male fasziniert mich das imposante Bauwerkungeheuer, auch meine zwei Freunde stehen beeindruckt davor. Wir treten durch ein Seitenschiff in den Innenraum, es riecht nach Weihrauch. Mich überkommt ein Schauer wie die Tage vorher, ich liebe die Atmosphäre in alten Kirchen. Leise ertönen Gregorianische Gesänge. Diese Chöre habe ich zum ersten Mal 1983 bei einer Wanderung in den Pyrenäen in der alten Kathedrale von „La Seu d'Urgell" gehört, und seither hat mich diese Art Gesang immer wieder beeindruckt. Wir ziehen unser schlaues Buch zu Rate, Kuddel liest vor: „Santiago wurde um das Jahr 830 zum Wallfahrtsort, nachdem man in einem Grab Gebeine gefunden hatte, die man dem Apostel Jakobus zuschrieb. Der Kathedralbau begann 1077 über den Resten einer älteren Kirche aus dem 8. Jh. Heute ist nur noch das romanische Südportal in der ursprünglichen Gestalt erhalten. Die zahlreichen Erweiterungen der Kathedrale führen mit dem barocken Westportal, der klassizistischen Nordfassade und den gotischen Kreuzgängen im Inneren mehrere Baustile zusammen. Durchschreitet man den ‚Pórtico de la Gloria' fällt der Blick durch das insgesamt etwa 100 m lange, 8,5 m breite und fast 20 m hohe Mittelschiff auf den gegenüberliegenden prächtigen Hauptaltar, der über dem Grab des Apostels errichtet wurde. Und dahin gehen wir auch jetzt, ein vergoldeter Baldachin schmückt den Altar, in dem die große sitzende Figur des heiligen Jakobus thront."

Wir lesen zusammen weiter: „Über eine Treppe, die hinter den Altar führt, kommt man auch hinter die Figur. Zum Zeichen der Ehrerbietung soll der Heilige dann umarmt und geküsst werden", das will ich eigentlich nicht. „Unter dem Altar befindet sich die Gruft mit einem silbernen Schrein, der Reliquien enthält, unter anderen ein auf das Jahr 874 datiertes goldenes Kruzifix, das einen Splitter des Kreuzes Christi enthalten soll." Als Nächstes schauen wir uns den „Botafumeiro" an, den über 1,60 m hohen Weihrauchkessel aus versilbertem Messing, der an einem etwa 30 m langen Seil hängt und an hohen kirchlichen Feiertagen dicht über den Köpfen der Pilger schwingt. Im Marmorboden spiegeln sich die Lichter der vielen Lampen, auch  heute knien in den Seitenkapellen wieder betende Pilger. „Diese Kathedrale hier ist kein totes Kultobjekt, sondern ein Haus Gottes, in dem sich die Menschen wohlfühlen und dessen Schönheit vielleicht nur den einen Sinn hat, schon auf Erden etwas vom Glanz des Himmels sichtbar werden zu lassen." Habe ich dann in dem Pilgerführer gelesen.

Als wir aus der Kirche kommen, ist der Himmel wieder grau und düster, wir tauchen unter in den kleinen Gässchen und haben auch bald das Ziel unserer Begierde, ein Restaurant mit Pilgermenüs auf der Karte, gefunden. Die „Cafeteria Paris" sieht im Innenraum wie eine Bahnhofskneipe aus. Das hat jedoch nicht immer etwas zu sagen. Die Gäste hier im Lokal sind lauter Einheimische, keine Touristen oder Pilger. An meinem letzten Abend in Santiago möchte ich noch einmal typisch spanisch essen.

Eine Bedienung bringt uns die Speisekarte, die Menüs darin sind erste Klasse. Als Vorspeise, „Primero Plato", verzehre ich eine „Caldo Gallego", eine sehr schmackhafte Bohnensuppe mit Kartoffeln und Steckrübenstängeln. Die Segundo Plato, die Hauptspeise, besteht aus Fisch, „Merluza a la Gallega", Seehecht auf galicische Art. Es ist eine dicke Seehechtscheibe zusammen mit kleinen Kartoffeln, Lauch und Zwiebeln, darüber eine dicke Soße aus Zwiebeln und grob gehackten Knoblauchstücken, das Ganze wird abgeschmeckt mit Paprikapulver. In einer schönen Steingutschüssel wird dieses Gericht serviert. Mann, schmeckt das gut! Gott sei Dank schlafe ich alleine, nicht nur wegen des Knoblauchgestanks. Dazu trinke ich einen spritzigen Albarino, ähnlich unserem Klingelberger. Was meine beiden Freunde gegessen haben, weiß ich nicht genau, irgendetwas mit Pommes und Fleisch. Mein Problem ist, dass ich mich bei einem guten Essen immer nur auf mein eigenes Menü konzentrieren kann. Nachdem wir noch zusammen einen Kaffee trinken, kommt die Stunde des Abschieds, wir müssen uns trennen, aber wir haben uns doch gerade erst kennengelernt.

Wir sind alle traurig und haben Tränen in den Augen. Doch eines ist sicher, wir werden uns irgendwann irgendwo in Deutschland wiedersehen, und darauf freuen wir uns jetzt schon.

Dann gehen wir auseinander, jeder in seine Richtung, neben meinem Hotel geht eine Passage bis zur nächsten Straße, dort befindet sich das „Restaurante La Comida", hier möchte ich noch einen Absacker nehmen. Den Wirt, einen Marokkaner mit Deutsch-Kenntnissen, habe ich auf der Straße kennengelernt. Ich bestelle zum Abschied die Spezialität der Gegend, eine „Queimadä", die Verbrannte, das ist ein Orujo, eine Art Tresterschnaps, der mit Zucker, Zitronenschalen und Kaffeebohnen gemischt und dann flambiert wird. Wir unterhalten uns über Pilger und das Pilgern. Als ich gehen will, zeigt mir der Wirt im hinteren Teil des Lokals eine alte Wand, dazu erklärt er mir, dass die Wand bis unter das Hotel Fornos geht und früher zu einem Kerker gehörte, welcher der Inquisition als Folterkammer gedient hat. Na denn gute Nacht.

Im Hotel angekommen, bitte ich den Nachtportier, mich morgen früh pünktlich um 8 Uhr zu wecken. Bevor ich einschlafe, gehen mir wieder viele Gedanken durch den Kopf, ich bin froh, dass ich hier so gute Freunde gefunden habe. Von der Folterkammer habe ich nicht geträumt.

Der Quereinsteiger zum Ende der Welt - 10
Santiago, Alemania –
Schlussrambo

In voller Montur, mit meinem großen Rucksack und den Wanderstöcken bewaffnet, stehe ich am Montag, den 16. Juni 08, um Viertel vor 9 Uhr auf der Rua de Horreo vor dem Hotel Fornos am Praza García in Santiago de Compostela.

Über mir ist blauer Himmel mit leichten hellgrauen Schleierwolken, es ist angenehm warm. Meine Adduktoren haben mir beim Aufstehen weh getan, vielleicht war alles ein bisschen zu viel. Heute ist der Tag meiner Heimreise, um 11 Uhr geht meine Fahrt Richtung Alemania. Kurz darauf kommt der Bus Nr. 5, der mich zur „Estación de Autobuses" bringt. In der großen Abfertigungshalle, am Schalter der Firma ALSA, lege ich mein Rückfahrt-Ticket vor, doch die Schalterbeamtin zeigt mir, dass meine Fahrt nur bis Astorga bezahlt war und ich für die restlichen 334 Kilometer oder viereinhalb Stunden Fahrzeit von Santiago nach Astorga 17,– Euro nachzahlen muss. Na gut, damit habe ich jedenfalls meine Rückfahrt vollständig bezahlt. Von solchen Kilometerpreisen könnten sich unsere einheimischen Busunternehmen eine Scheibe abschneiden.

Auf der anderen Seite der Abfertigungshalle befindet sich die Cafeteria „Santiago 2", es ist kurz vor 10 Uhr und ich habe noch genügend Zeit, um zum letzten Mal das mir inzwischen so vergraulte Morgenessen „un Café grande con Leche i un Croissant" zu mir zu nehmen. Niemand kann sich vorstellen, wie ich mich auf mein Frühstück zuhause freue. Da stehen Wurst, Käse und ein weichgekochtes Ei auf dem Tisch, dazu Schwarzbrot und Filterkaffee. Auch ein kleines Stück Himmel auf Erden!

Mein Handy ertönt, die beiden Kumpel Kuddel und Paul wünschen mir noch mal eine gute Heimfahrt! Danke, ihr treuen Seelen!

Unten in der großen Bushalle stehen viele Menschen, die unschwer wegen ihres Gepäcks, dem großen Rucksack mit der anhängenden Jakobsmuschel und den vielen Wanderstöcken als Pilger zu erkennen sind. Ich stelle mich dazu. Kurz vor 11 Uhr fährt der große Bus der Firma ALSA vor, ich habe Glück und bekomme einen Fensterplatz. Die Fußfreiheit in dem Bus ist begrenzt, doch ich habe wie viele andere Passagiere zwei Plätze für mich alleine. Langsam geht die Fahrt aus der dunklen Halle in die strahlende Mittagssonne und entfernt sich dann schnell aus dem Dunstkreis der Metropole Santiago. Ganz von weitem kann ich noch einen Blick auf die Türme der Kathedrale werfen. Adios, San Jago!

Eine dreiviertel Stunde später, nach einer Fahrt, die teilweise über die „Autopista Central Gallega" geht, halten wir in dem Ort „Lalin" vor der

„Estación de Autobuses", vier Pilger steigen ein. Ab Listanco sind dann linkerhand Eisenbahngleise unsere ständigen Wegbegleiter. Schnell geht es wieder weiter. Kurz vor unserem nächsten Halt fahren wir zweimal über den „Río Mino", den gleichen Fluss, den ich bei Portomarín zu Fuß überquert habe. Immer dem breiten Río folgend kommen wir nach „Orense", der Bezirks-Hauptstadt mit über 100.000 Einwohnern. Es ist eine schöne Stadt mit vielen alten Häusern, die mit hellen Erkern verziert sind. Vorbei an einer alten Kathedrale fahren wir zur „Estación de Autobuses" und machen in der dortigen Cafeteria 30 Minuten Essenspause. An der Theke gibt es „Salami-Sandwichs", ich trinke einen Orangensaft dazu.

Bei der Weiterfahrt sehe ich eine schöne alte Brücke, die „Ponte Vella", die schon unter den Römern als „Puente Romano" erbaut wurde. Gleich darauf fahren wir an einer sehr modernen Brücke vorbei, einem Gebilde, das ein wenig der Mimram-Brücke in Straßburg ähnelt. Kurz hinter der Stadt Orense werden dann die Eisenbahn auf der einen und der Río Mino auf der anderen Straßenseite unsere Begleiter. Der Fluss wird hier alle paar Kilometer für Kraftwerke zur Stromerzeugung gestaut. Wir fahren seither auf der alten N 120, der „Carretera de Ponferrada" entlang des Mino, manchmal sehe ich inmitten der Felder größere Weinbau-Plantagen, hier und in den anderen Flusstälern, wie dem des Río Sil, wird auf etwa 3000 Hektar der leichte fruchtige Ribeira-Weißwein und der Riberas del Mino, ein hocharomatischer Rotwein, angebaut, so lese ich.

Irgendwann verlassen wir den Mino. Unsere Fahrt geht jetzt durch Wiesen und Felder, bis wir „Monforte de Lemos", eine bezaubernde Kleinstadt und ein wichtiger Eisenbahnknotenpunkt, erreichen. Hier, wie in den anderen Busbahnhöfen, sind immer Leute aus- und zugestiegen. Wir überqueren den „Río Sil" einige Male, bis er eine Weile rechterhand neben uns bleibt. Im nächsten Ort „A Rua" legen wir noch mal eine Rast ein und erreichen dann um 15 Uhr 45 nach vierdreiviertel Stunden und etwa 270 km die Estación de Autobuses in „Ponferrada".

Endlich kenne ich mich wieder aus, heute ist hier mein vierter Besuch in der großen Abfertigungshalle! Etliche Personen steigen zu, auch ich bekomme einen spanischen Sitznachbarn. 45 Minuten später halten wir in „Astorga", der Kleinstadt am Camino Francés. Ab hier begann meine Pilgerreise als Quereinsteiger. Viele Erinnerungen an die Weggefährten werden noch einmal in mir wach. Ingo, mein erster Bekannter auf dem Camino, dann Rolf, Heidi, Anton und Katharina, die vier durfte ich für kurze Zeit begleiten. Hans, der aufopfernde Pilger in O Cebreiro, dann Rudolf, der freundliche und mitfühlende Kamerad, Karlheinz und Heike, die mich in Sarria so gut bekocht hatten. Auch Siggi galten meine Gedanken, der mir die Gurte an meinem geliehenen Rucksack erst einmal richtig eingestellt hat. Und dann vor allem meine beiden Freunde, Paul und Kuddel, welche über längere Zeit meine Weggefährten waren und die mit mir Leid und Freud geteilt haben. Die Zeit mit ihnen möchte ich nicht missen.

Ich muss wohl eingenickt sein, denn ich werde unsanft durch einen Ruck aus meinen Träumen geweckt. Der Autobus hat stark abgebremst, es ist 18 Uhr und wir sind gerade in Sahagún angekommen. Mein Nebenmann, der Spanier, steigt aus, auch recht, dann kann ich endlich mal wieder meine Beine ausstrecken, das eingeengte Sitzen hat meinen Adduktoren nicht gut getan. Einige Passagiere stehen vor dem Bus, um schnell eine zu rauchen. Gut, dass ich wenigstens dieses sogenannte Laster noch vor der Pilgerreise abgelegt habe.

Die Gegend, durch welche wir fahren, ist topfeben, der Camino verläuft hier direkt an der Straße entlang, ab und zu sehe ich ein paar Pilger mit großen Rucksäcken, die auf dem Weg zur nächsten Herberge in Richtung Santiago sind. Nach etwa 20 km verlassen wir die Strecke neben dem Pilgerpfad und fahren in Richtung „Palencia", wo wir in Reichweite der „Estación de Tren", der Bahnstation, halten. Um „Suco", den nächsten Ort, nach nur etwa 30 Minuten zu erreichen, müssen wir ein kurzes Stück über die Autobahn E-80 in Richtung Burgos fahren. Hier halten wir vor der „Area de Servicio", einer großen Raststätte.

Diese Haltestelle ist mir noch gut bekannt, hier haben wir schon auf der Hinfahrt von Deutschland nach Spanien eine Stunde Aufenthalt gehabt und den Omnibus gewechselt. Anscheinend gibt es heute dasselbe Prozedere, nachdem der Bus hält, müssen wir mitsamt unserem ganzen Gepäck aussteigen. „Hier Sie eine Stunde Pause haben", radebrecht der Fahrer. Auf dem großen Gelände gibt es ein Motel mit einer guten Kantine, die habe ich auch schon beim letzten Mal besucht. Ich schultere meinen Rucksack, greife meine Wanderstöcke und hinke, ich spüre mal wieder heftig meine Adduktoren, über den großen Platz zur Raststätte. Auf dem Weg dorthin überholt mich eine junge Frau, die auch mit dem Bus aus Santiago gekommen ist. „Tut's so weh?" fragt sie mich ein wenig spöttisch. „Na ja, ein wenig schon!" antworte ich. Dann fragt sie mich noch, woher ich das habe und was es ist. Inzwischen haben wir das Rasthaus erreicht. Nachdem wir einen Tisch gefunden haben, stellen wir uns in die Schlange an der Theke. Hier habe ich ihr dann mit wenigen Worten meine Situation erklärt. An der Aussprache und bei ihren Kommentaren merke ich, dass die Frau auch aus dem mittelbadischen Raum stammt. Sie ist mittelgroß, vollschlank mit guten Proportionen und langen rotblonden Haaren. Wieder am Tisch, esse ich Gulasch mit Rigatoni und trinke dazu ein Glas spanischen Rotwein. Die junge Frau, sie heißt Karin, hat sich eine Art Gemüseplatte genommen, während des Essens erzählt sie mir dann, dass sie auch schon mal längere Zeit gehbehindert war. Als ich dann nach dem „Wo und Warum" frage, erfahre ich, dass sie an beiden Knien operiert wurde, „aber das schon vor ein paar Jahren". „Hast du als Dankeschön für die gute Heilung die Pilgerreise auf dich genommen?" frage ich sie. „Iwo, ich wollte einfach mal von zuhause Abstand gewinnen", war darauf ihre sehr einfache Antwort.

Wir sind sehr in unser Gespräch vertieft, und dabei ist uns nicht aufgefallen, dass die meisten Mitreisenden inzwischen schon das Kasino verlassen haben. Keiner von uns beiden hat auf die Uhr gesehen, aber sicher ist es an der Zeit. Vor der großen Bushalle stehen viele Reisende und einige neue Fahrzeuge. Niemand, den wir fragen, kann uns jedoch eine Auskunft geben, welcher Bus wohin fährt. Nach einer Viertelstunde kommt ein großer neuer Reisebus eines portugiesischen Unternehmens vorgefahren. Der Fahrer und sein Begleiter winken uns heran und öffnen die großen Gepäckklappen. Bevor die beiden Männer unser Gepäck verstauen, überprüft der dritte immer unsere Rückfahrscheine, ein paar Passagiere werden gleich auf andere Busse verteilt.

Karin zeigt auf die Rückbank ganz hinten im Bus und sagt: „Dort haben wir genügend Platz und können auch mal die Beine ausstrecken." Toll, momentan haben wir die ganze Hinterbank für uns alleine und machen uns darauf breit. Jeder von uns hat sich im Casino eine große Flasche Wasser und eine kleinere mit Orangensaft zum Mischen gekauft, das reicht schon mal für den Anfang. Nach einigem Palaver des Fahrers mit seinen zwei Beifahrern geht es endlich los. Obwohl wir ganz hinten sitzen, ist das Motorengeräusch erträglich, man gewöhnt sich daran. Bald darauf, so kurz vor zehn Uhr, fahren wir auch schon an Burgos vorbei, langsam wird es draußen dunkel. Wir reden viel über Santiago, die Kathedrale und den Pomp in ihrem Inneren, auch über die vielen kleinen Kneipen und Läden. Ich erzähle

von meinem Trip an das Kap Finisterre und den interessanten Tag, den ich auf dieser Tour erlebt habe. Ebenso von den vielen vergeblichen Telefonaten, mit denen ich dort versuchte, meinen Freund Rolf zu erreichen. Dann erzähle ich ihr von meinem Gespräch mit einer Heike. Karin läuft rot an und prustet los, als ich ihr von Heikes Zelt am Strand erzähle: „Aber das Zelt hat sie doch von mir, die Vorbesitzerin des Zeltes war doch ich", schnaubt sie, immer noch mit hochrotem Gesicht, heraus. Jetzt müssen wir beide lachen.

Es ist doch komisch, da läuft man viele Tage Kilometer um Kilometer über den Camino, fährt Hunderte von Kilometern im Omnibus, um dann neben einer fremden Person, einer Frau zu sitzen, die mit einer Wallfahrerin befreundet ist, die auch ich ganz am Anfang meiner Pilgerreise kennengelernt habe.

Danach erzähle ich Karin von meiner ersten Begegnung mit Heike in Sarria und dem Fischgulasch, welches sie und Karlheinz damals zubereitet hatten, und auch dass ich zum Essen eingeladen wurde. Nachdem ich schon ein wenig von mir erzählt habe, erwähne ich dann auch noch meine erste Fußverletzung, wie es dazu kam und was ich dadurch alles erlebte.

Unsere Gespräche gehen hin und her und wir lachen viel. Mir fällt auf, dass Karin wenig von ihrer Pilgerreise spricht, eigentlich gar nichts, viel lieber erzählt sie von daheim und ihren zwei Kindern. Auch ihren Mann spart sie bei den Gesprächen aus, doch aus dem Wenigen, was sie sagt, schließe ich, dass es ein gestörtes Verhältnis zwischen den beiden gibt.

Inzwischen ist es tiefdunkle Nacht und wir befinden uns kurz vor der französischen Grenze. Müde wie wir sind, machen wir es uns auf unserer Hinterbank bequem. Platz haben wir ja genügend. Kurz darauf muss ich eingeschlafen sein, doch ich wache durch ein gleichmäßiges, tiefes, melodisches Brummen auf, es ist der Motor, und ich habe das Gefühl, er ist lebendig und seine ganze geballte Kraft peitscht unseren Bus vorwärts, Richtung Heimat. Es ist ein sehr beruhigendes Geräusch, und ich schlafe wieder ein.

Irgendwo, gegen drei Uhr früh am Morgen, schon tief in Frankreich, hält der Omnibus an einer kleinen Raststätte, viele Reisende steigen aus, vertreten sich die Beine oder rauchen eine Zigarette. Einige rennen, zusammen mit mir, zur Toilette: „Fair pipi."

Der Autobus fährt gleich darauf weiter und ich schlafe auch noch mal ein. Als ich wieder aufwache, wird es draußen gerade langsam hell, Karin schläft noch tief. Zwei Reihen vor mir sitzt eine Gruppe schlafender

Franzosen, einer von ihnen, in der mittleren Reihe, ist auch schon wach und genau in meinem Blickfeld. Ich denke, ich sehe nicht recht, der Mann bohrt langsam und genüsslich in seiner Nase, immer wieder zieht er den Finger raus und schaut, ob er was gefangen hat, irgendwann wird er fündig. Das Ding, welches er rausziehen will, hängt jedoch noch an seiner Nasen-Innenwand. Nach einem Ruck hat er es (den Bägel) irgendwann doch auf seinem Zeigefinger. Er beäugt den verhärteten Nasenschleim von allen Seiten und schnipst ihn dann mit viel Freude in die Gegend. Der Popel geht, und darüber bin ich sehr froh, nicht in meine Richtung.

Um kurz nach sieben Uhr halten wir an der Raststätte „Aire de Saran" bei Orleans. Karin und ich gehen zuerst zur Toilette, um uns dann im Bistro bei einem Sandwich zu treffen. Diesmal trinke ich eine Schokolade.

Am Mittwoch, dem 28. Mai um 20 Uhr habe ich bei der Hinfahrt nach Spanien, ebenfalls in dieser Raststätte, nur auf der anderen Autobahnseite, auch ein Thunfisch-Sandwich gegessen.

Nach gut eineinhalb Stunden, etwa um halb zehn, fahren wir an Paris vorbei, in ungefähr 10 Stunden bin ich daheim, denke ich. Einige Zeit nach Paris begegnen wir auf der linken Seite einem deutschen ICE, welcher in Richtung der französischen Landeshauptstadt fährt.

Karin und ich reden viel miteinander, im Grunde „über Gott und die Welt". Inzwischen freut auch sie sich auf ihr Zuhause, vor allem auf ihre beiden Töchter.

Um 11 Uhr halten wir in Reims, die Gruppe Franzosen vor uns steigt aus. Es geht ein wenig länger, denn sie haben ihre Fahrräder im Gepäckraum verstaut, da müssen erst mal viele Gepäckstücke weggeräumt werden. Ab hier geht es dann schnell weiter. Um Viertel nach eins steigt noch ein älteres französisches Ehepaar in Metz am Bahnhof aus. Sie waren auch auf dem Camino, wie ich an ihrem Gepäck erkennen kann.

Bald darauf sind wir im „Autogrill-Cote France", einer Raststätte auf der A4 bei Metz, angekommen, um hier noch einmal, wenige Kilometer vor der deutschen Grenze, einen französischen Kaffee zu trinken. Dabei erzähle ich Karin die Geschichte von dem Schwarzafrikaner, den die französischen Gendarmen direkt gegenüber auf der anderen Autobahnseite wegen seines fehlenden Ausweises aus dem Bus geholt haben.

Im Nu geht es schon wieder weiter, auch die erste deutsche Stadt Saarbrücken haben wir schnell hinter uns gelassen, um dann gegen 16.30 Uhr in Kaiserslautern auf dem Busumsteigeplatz zu halten. Wir haben fast eine halbe Stunde Verspätung. Der kleine mickrige Reisebus, wieder ohne Touring-Beschriftung, steht schon da, und selbst die beiden Fahrer sind die gleichen.

Wir beide, Karin und ich, sowie noch etliche andere Passagiere, zum Großteil heimkehrende Pilger, müssen in den kleinen Omnibus, der uns bis Karlsruhe bringt. Karin hat mit ihrem Handy daheim angerufen und wird nun von ihrem Mann und ihren beiden Töchtern am Bahnhof in Karlsruhe abgeholt.

An der Sprache der übrigen Fahrgäste merke ich, dass viele Schwaben und Bayern darunter sind, man hört viel Lachen und manche lockeren Sprüche zwischen den Reihen. Jeder freut sich jetzt auf zuhause. Karin ist inzwischen sehr ruhig geworden, etwas bedrückt sie auf einmal, ich glaube, sie freut sich sehr auf ihre Familie, doch ich habe das Gefühl, irgendein altes Problem lauert noch im Hintergrund.

Kurz vor 6 Uhr fahren wir auf den großen Parkplatz hinter dem Karlsruher Bahnhof, nur Karin und ich steigen aus. Mit einem „Buen Camino" verabschiede ich mich von den restlichen Reisegästen. Alles lacht.

Karin steht im Kreise ihrer Lieben, alle drei knutschen sie abwechselnd ab und lachen, ich glaube sie hat Tränen in den Augen, noch einmal winkt sie mir zu, um dann mit ihrer Familie hinter ein paar Autos zu verschwinden. Wir haben uns schon vorher im Autobus verabschiedet, dort hat sie mir auch noch schnell ihre Adresse aufgeschrieben.

Ich winke den Personen im Bus zu und warte dann, bis das Fahrzeug mit den restlichen Pilgern vom Parkplatz gefahren ist.

Langsam humple ich über den Parkplatz in das Bahnhofsgebäude. Auf der Tafel mit den An- und Abfahrtszeiten suche ich mir den nächsten Zug in Richtung meiner Heimatstadt raus. Um 20 Uhr, nach 33 Stunden auf Achse, schnuppere ich endlich wieder die reine Ortenauer Luft, ich, „der Quereinsteiger zum Ende der Welt", bin zu Hause angekommen.

Lange vor dem Aussteigen habe ich Irmi per Handy über meine Ankunft benachrichtigt, diesmal ist nichts von mir im Zugabteil liegen geblieben. In einem Bistro gegenüber dem Bahnhof sitze ich draußen im Freien, als Irmi mich abholen kommt, wir fallen uns in die Arme, ich glaube, diesmal habe ich Tränen in den Augen.